日本標　　o.23

〈ヨコへの発達〉とは何か

―障害の重い子どもの発達保障―

垂髪あかり

表紙イラスト　4歳児が描いた「コスモス」

はじめに

出会い

ベッド柵越しのことでした。曲がった体、口角からよだれを垂らしながらじっと見つめる表情が、一瞬緩んだような気がしたのです。

「明日もまた来るね」

そう言って私は、目を合わせて彼に初めて手を触れてみました。彼の手のぬくもりを感じました。

新米助産師であった私が、「重症心身障害児」（以下、重症児とする）と呼ばれる障害の重い子どもと初めて出会ったのは、ある総合病院の小児科（新生児集中治療室）に勤務していたときのことです。手のひらに乗るくらい小さな命の、生と死とに隣り合わせの現場。途切れようのない緊張感から解放されるのは、8時間の勤務を終えて治療室を出るときでした。ある日、頭と身体の重い疲労を感じながらも、ふらふらする足取りが向かったのは、なぜか隣の小児病棟でした。

「もうずうっと、誰も面会に来ない子がいる」と先輩看護師から話は聞いていました。

一般的に、NICU（新生児集中治療室）での治療を終えた赤ちゃんは、GCU（回復治療室）で在宅生活を目ざした医療・看護が行われ、退院に向けた支援が行われます。ところが、医学的、社会的理由等、さまざまな背景でGCUから自宅に帰ることができず、引き続き小児科病棟に入院する子どもたちもいます。私が出会った少年もその一人でした。

彼との初めての出会いの日から、どういうわけか、勤務を終えたあとの私は、彼のベッドに通うのが日課となりました。その日課は、不思議なことに、厳しい勤務を終えた私の「癒し」にさえなっていたのです。なぜ、彼の元へ行くと癒されたような心地になるのだろうか。彼は言葉を一言も発しません。身体を動かして私に何かしてくれるわけでもないのです。私は彼の存在そのものを受け止め、言葉ではない言葉で、彼と対話していたのかもしれません。私は彼の「内面にある『何か』」を感じるようになっていたのです。

転機

そのときの私には、彼の「内面にある『何か』」について、深く追求する時間も気力もありませんでした。しかし、「寝たきり」で一見何の変化もないような彼の内面に「何か」があることに気づき、それをもっと知りたいと思うようになりました。こうして私は助産師の職を辞し、特別支援学校教諭の免許を取得できる大学院に進み、重症児教育の現場に足を踏み入れることになりました。

配属された肢体不自由の特別支援学校は、まさに「重症児」と呼ばれる障害の重い子どもたちの「内面」にアプローチする現場でした。子どもたちとは数ヵ月、いや、何年もかけて、ゆっくり、じっくりと信頼関係を築き、子どもたちそれぞれの「内面」の動きに丁寧に寄り添いながら、彼／彼女らのペースの「変容」を支援していく、目に見えて「できること」を増やしそれを客観的に評価していくというよりも、子どもを「人間」として丸ごととらえ、子どもの心の動きに寄り添って見つめる――そんな教育現場でした。私がもっていた「発達」に対する考えは現場で見事に転換され、今では、

「どんなに障害の重い子どもでも発達する」

と、確信がもてるようになりました。

重症児との個人的な出会い、重症児教育現場における「能力」観、「発達」観の転換――それが今から約半世紀以上前の一九六〇年代に提起された「発達保障」および「横（横軸）の発達」「ヨコ（横）への発達」「〝よこ〟への育ち」等の、〈ヨコへの発達〉という概念と深く結びついていることを私が知ったのは、もっと後になってからのことでした。

現場で

特別支援教育の実践現場では、二〇一八（平成三〇）年学校教育法施行規則の一部を改正する省令（平成三〇年文部科学省省令二七号）の施行により、個別の教育支援計画、個別の指導計画の作成が義務づけられました。こうした政策ともあいまって、教育現場では今、子どもを客観的に評価する風潮が高まっています。

障害の重い子どもたちの変化は、ゆっくり、じっくりと信頼関係を築き、丁寧なかかわりを継続的に行って初めてとらえることができるものです。時にかかわり手が見過ごしてしまいそうなほど繊細な、彼らの極微の変化は、客観的数値では表しきれない内面の動きが伴っているに違いありません。〈ヨコへの発達〉という概念は、こうした「内面」にかかわる考え方です。

でもそれは、客観的な数値や指標ではないため、なんともとらえがたいもののようです。そのため、〈ヨコへの発達〉という考え方が一体いつ、だれによって、どのように考案されたのかについても明らかにされていませんでした。とはいえ、障害のある子どもたちにかかわり支えてきた人たちは、彼らの「内面」が動く瞬間を実践の支えとし、その「内面」の動きをなんとか他者と共有しようと四苦八苦してきた事実があります。だから障害児教育の現場で、「タテ」ではない「ヨコ」への発達、というと、「わかるわかる！」と、多くの先生たちが共感してくれるのです。

実践的、事例的にはよくわかるけど、説明しようと思うと「う～ん」と首をひねってしまう、そんな〈ヨコへの発達〉って一体なんなのでしょうか。私はまず、その起源に迫ることで、何かが見えてくるのではないかと考えたのでした。

なお、本稿に登場する「精神薄弱」、「白痴」、「魯鈍」等の用語については、現在では用いられていませんが、歴史的資料を尊重し、科学研究と今後の思想の発展を願う見地に立って、出典を明記して原文通りとします。

第一章　〈ヨコへの発達〉の起源

さまざまに言われる〈ヨコへの発達〉

〈ヨコへの発達〉という言葉を、比較的新しい文献から調べてみると、いろいろな定義が出てきます。たとえば、「能力を発揮できる幅が広がること」[1]や「生きる喜び」「豊かな個性が形成されること」[2]など、なんとなくニュアンスは似ていて、言いたいことはわかるような気がしますが、定義は一つではありません。それでは辞書をと思い、〈ヨコへの発達〉と関係の深そうな『特別支援教育大事典』というもので引いてみることにしました。すると、「タテへの発達とヨコへの発達」という項目に、

> 同じ発達の段階に長くとどまっていても、その時点で獲得されている能力の適用しうる範囲を拡大させていく（人やものとの関係を豊かにしていく）という方向への変化

と記載がありました。[3]そして、この続きに、

> 「ヨコへの発達」を提示したことによって、人間の発達の普遍性、平等性、無限性が明らかにされ、そ

れとかかわって教育観、自立観など発達と関係の深い概念を深化させることにつながった。

とも書かれていました。

これを読むと、〈ヨコへの発達〉には、たんに今このときの「発達」のありようについての意味合いのほかに、歴史的な、何か大きな意味合いがありそうです。ちなみに、事典では、「タテへの発達」との比較で書かれてありました。〈ヨコへの発達〉は、「タテへの発達」との対比でとらえる考え方でもありそうです。

「タテへの発達」については、

能力の高次化、あるいは諸機能の新たな獲得

と書かれていました。「ヨコへの発達」は、先ほど挙げた文献では「能力を発揮できる幅が広がること」とも書かれていることから、なんとなく、発達を「タテ」と「ヨコ」のイメージで立体的にとらえようとしていることは伝わってくるでしょう。「能力を適応しうる幅が広がる」や「豊かさ」という言葉、また「タテへの発達」との比較から、〈ヨコへの発達〉という言葉のもつイメージはつかめてきました。でも私には、まだ少しぼんやりした概念のように思えました。初めて〈ヨコへの発達〉という言葉を使った人は、一体どのような意味合いを込めて使用したのでしょうか。もしくは、一体どのような背景があって、この言葉を創ったのでしょうか。意味を調べているうちに、いろいろな疑問がわいてきました。

「いつ」「だれが」「どのように」

事典や文献から、〈ヨコへの発達〉は、近江学園（滋賀県・当時の知的障害児施設、現在の児童福祉施設）や、その関連施設であるびわこ学園（滋賀県・重症心身障害児施設）での取り組みが関連していることがわかりました。そこで、今度は角度を変えて、これらの施設を創った糸賀一雄（一九一四―一九六八）という人物の書いたものを調べてみることにしました。

糸賀一雄は、戦後日本の社会福祉を切り拓いた第一人者として知られ、「社会福祉の父」とも呼ばれています。糸賀は、どんなに障害の重い子どもであっても、その生命の尊さとともに発達の主体であることを訴え、「この子らを世の光に」という言葉を遺しました。糸賀の思想は現在もなお、日本の福祉および教育関係者に受け継がれているとともに、糸賀自身の人物史研究も重ねられています。糸賀は近江学園やびわこ学園の園長として実践家であったと同時に、多くの雑誌や書物にその記録を残しています。

〈ヨコへの発達〉という言葉を、いつ、だれが、どのように使いはじめたのかという謎を解き明かすためには、まずは〈ヨコへの発達〉の生みの親かもしれない近江学園・びわこ学園の最重要人物である糸賀の遺した著作物を探る必要がありました。しかし、その数は膨大です。どこから手をつければよいのか、私は途方に暮れました。混迷のなかにいた私に、当時の指導教員はあるテレビ番組を教えてくれました。

糸賀の肉声――「横（横軸）の発達」

「ただ発達というのは／はえば立て　立てば歩めという――『縦軸』の発達だけじゃなくて――横に豊かなものがいくらでも／発達していくんだということ――それは何かというと　感情の世界をね／豊かに持っている

ということ―縦の発達だけじゃなくて／横の発達があるということに―私たちは希望を持つんですよ―私たちは　重症の子供との／共同の生き方　共感する世界ね―そういうものを／大切にしたいと思います」（糸賀一雄　ラジオ出演より）[4]（なお、「／」は番組での字幕の改行を、「―」は画面の切り替えを示す）

これは、二〇〇七年三月二〇日に放映されたＮＨＫスペシャル「ラストメッセージ　第六集　この子らを世の光に」において糸賀一雄が実際に語った生の声です。番組では、びわこ学園について、一園児（戸次《べっき》公明さん）の一四歳当時の抑制の利かない動き回る姿（療育記録映画「夜明け前の子どもたち」[5]一九六八）を映した後に、彼が粘土を使った療育がきっかけで変わっていったエピソードと、五四歳になった今も粘土に打ち込む姿の映像に重ねて流されました。そして、「重症心身障害児、一人一人の可能性に目を向け、共に生きていこうとした糸賀一雄……」というナレーションで、次の場面に転換します。

糸賀は〈ヨコへの発達〉という表現ではなく、「横軸の発達」という言葉を用いていました。この言葉にこそ、彼の思考・思想における格闘を凝縮させているのではないか、私は直感的にそう思いました。また、糸賀の肉声から、糸賀自身が「横軸の発達」という言葉を用いて〈ヨコへの発達〉について語っていた事実が明らかになりました。それでは、糸賀は、いつからこの〈ヨコへの発達〉を語りはじめたのでしょうか。また、どこから〈ヨコへの発達〉という考え方を得たのでしょうか。

糸賀研究では

「どこから」という点については、糸賀に関する先行研究にいくつかヒントがありました。たとえば、石野美也子は、糸賀が重症児者の価値を「発達」によって証明しようとした際に、「横軸の発達」に「着目」したと指摘しています。(6) また池田和彦は、「発達保障の根拠」として糸賀が「横軸の発達」観を「提起」することによって、重症児者の「発達観に大きな転換をもたらし」たと指摘しています。(7) そして、京極高宣は、「発達保障の考えに関するもの」として、糸賀は「横軸の発達がある」ということを「発見」したと指摘しています。(8) さらに、蜂谷俊隆は、糸賀の「発達保障」思想とは、当初から政策や支援のあり方を提起するために、発達概念の再考を求めたものであり、「『タテ軸の発達』に対して、『ヨコ軸の発達』という人生の質の充実へと連なる概念を打ち立て、『タテ軸』の伸びが遅くとも、人として『同じ道すじ』をたどるのだと提起した(9)」と述べています。このように、糸賀研究のなかで、「横（横軸）の発達」について取り上げられてはいましたが、それについての統一した見解はなく、糸賀が〈ヨコへの発達〉を「発見」し「提起」したのか、あるいは、もともとあったこの概念に「着目」したのか、定かではありませんでした。

『糸賀一雄著作集』等では

そこで私は、一体誰が（糸賀自身が?）、いつ、どのように〈ヨコへの発達〉という考え方を創り出したのかを解き明かすために、糸賀が執筆した公刊書物、論文や未公刊の日記やメモ等を可能な限り収集し、まずは糸賀がいつから〈ヨコへの発達〉（糸賀の言葉でいう「横軸の発達」）を使用しはじめたのかを探ってみました。

その結果、公刊および発表年において、糸賀が亡くなった一九六八年に三点、一九六七年に三点、一九六六年に一点、それに執筆年が特定できないもの一点のなかに「横軸の発達」あるいは「横の発達」という言葉が見つかりました。しかし、一九六五年以前には、「横（横軸）の発達」の内容を指し示す記述はあるものの、用語として使われたものは確認できませんでした。すなわち、現時点では、糸賀は、次に載せた一九六六年の論稿「この子らを世の光に（二）―重症児の生産性について―」で初めて「横（横軸）の発達」という用語を使用していたとみなすことができます。[10]

学園の人たちが、縦軸の中にではなく横軸の中にこそ発達の広がりがあることに気づいたことは、もう見込みがないと思って希望を失いかけていた時だけに、大変な力を与えてくれました。私は、この問題を考える時に人生を考えさせられるのです。

このあらゆる発達段階の中で、むしろ発達段階そのものは横の広がりが中味であるということです。この横の広がりとは何かといえば、かけがえのないその人の個性です。他の何物ももって代えることのできない個性が、あらゆる発達段階の中味をなしていることです。この中味が個性的にぐんぐんと形成されて行く、もうA子ちゃんはA子ちゃんなんだという個性が、一歳なら一歳のなかに、豊かに豊かになって行くわけなのです。この豊かさを形成して行くのが教育であり、療育ということなのです。

糸賀は、この論考のなかで初めて、「横軸の発達」について述べ、その二年後の一九六八年に五四歳でこの世を去ります。

つまり、「横軸の発達」は糸賀晩年の思想のなかに位置づくと考えてよいでしょう。それでは、糸賀は、近江学園を創設した当初から、このような考え方をもっていたのでしょうか。そこで、次に私が取り組んだ作業は、一九四六年の近江学園創設から、一九六六年までにおける糸賀の重症児観の変遷を辿り直してみることでした。

(1) 丸山啓史、河合隆平、品川文雄（二〇一二）『発達保障ってなに?』全国障害者問題研究会出版部、三ページ、三一―三二ページ。
(2) 髙谷清（二〇〇五）『異質の光』大月書店、二六二ページ。
(3) 土岐邦彦（二〇一〇）「タテへの発達とヨコへの発達」茂木俊彦ほか編『特別支援教育大事典』旬報社、七四八ページ。
(4) 糸賀一雄（一九六八）「人間の心」（NHKラジオ「婦人学級」）。ここで引用したラジオ放送が上記の番組であるということについては、NHKスペシャルのプロデューサー（二〇〇七年当時）であった牧野望氏にご教示いただいた。
(5)「夜明け前の子どもたち」（一九六七年四月撮影開始、一九六八年製作）、監督：柳沢寿男、企画：財団法人大木会・心身障害者福祉問題総合研究所、監修：糸賀一雄、制作委員長：田中昌人。
(6) 石野美也子（一九九六）「糸賀一雄、その求めたもの―この子らを世の光に―」津曲裕次監修・解説（二〇〇五）『障害児教育・福祉年史集成　第二期　第八巻』日本図書センター、一五五ページ。
(7) 池田和彦（一九九九）「糸賀一雄の福祉哲学」『佛教福祉学』種智院大学佛教福祉学会、一〇三ページ。
(8) 京極髙宣（二〇〇一）『この子らを世の光に　糸賀一雄の思想と生涯』日本放送出版協会、一六九ページ。
(9) 蜂谷俊隆（二〇一五）『糸賀一雄の研究』関西学院大学出版会、二七〇ページ。
(10) 糸賀一雄（一九六六）「この子らを世の光に（二）―重症児の生産性について―」『両親の集い』第一二八号、一九ページ。

第二章　鍵を握る三つの実践

「永遠の幼児」という見方

一九四六年、戦災孤児あるいは生活困窮児と「精神薄弱児」を総合して受け入れ、互いに助け合っていく精神を養うことをめざして、滋賀県大津市に近江学園が設立されました。近江学園では、開設当初から医務部と研究室が設置され、医学と教育の連携、そして教育と労働の結合が謳《うた》われていました。

敗戦直後、まだ社会的に混乱した状態にあった日本は、街頭に食べ物を求めてさまよい歩く戦災孤児や生活困窮児が数多くいたのです。そのなかには「精神薄弱児」も含まれており、糸賀らはこうした子どもたちを何とかしたいという思いから、学園を創設したのでした。学園では、設立当初から生活教育と職業教育を大きな柱とした教育が実施されていました。しかし、次第にその職業教育にうまく適合しない「重症な痴愚児や白痴児」[1]たちの処遇に苦慮するようになっていきました。糸賀は当時、こうした障害の重い子どもたちのことを「満二十歳になっても知能的には五歳か、たかだか六歳程度で発達がとまってしまうこれらの『永遠の幼児』」と呼び、「児童福祉の立場からも、将来の社会的な無能力性から考えても、当然その生涯の保護を保障する一貫した独立した施設がなければならない」[2]と述べています。

その後、近江学園では、重症な「痴愚児」や「白痴児」のグループである「さくら組」[3]を分立させ、落穂寮が設置されます。[4] この落穂寮について、糸賀は「成人しても五歳か六歳位の知能しかもたないいわば『永遠の幼児』ともいうべきもので、学園の中で現に非常に特殊な存在でその他の精神薄弱児とも質的に区別されねばならないこと、そればかりでなく将来社会生活は不可能」であるから、「生涯の保護」を目的として設立されたものであると述べています。[5] そして、落穂寮の寮生たちを「人間的であるよりもむしろ動物に近いようなものもあれば、ある種の白痴の如きは植物的でさえある」[6] と述べ、極めて差別的、限定的な見方をはっきりと示していました。

この糸賀の、障害の重い子どもたちへの見方が変容していくきっかけの実践として、これまでの研究では「重症痴愚・白痴」のクラス、近江学園・新「さくら組」[7] や落穂寮、あざみ寮、近江学園「杉の子組」での実践があることが指摘されています。

新「さくら組」の実践

一九五二年、一二人で始まった新「さくら組」の子どもたちは、言葉によるコミュニケーションがまったくできない者から、入園するまでは学校に通っていた者まで、障害の種類も程度も幅広いものでした。一人でトイレで排泄することができないため、一緒にトイレに入って教えることや、数の概念を教えること、着替えの練習、夜尿の処理等に追われる日々……こうした子どもたちを前にして、職員たちは、途方に暮れることもありました。それでもなんとか、毎日を回していました。[8]

ところが、編成から三、四ヵ月経つと、少しずつ、園生たちの生活に変化がみられるようになりました。時間になると起床、洗面をし、園生なりのやり方であっても「組」としての流れができ、まとまりができてきたのです。その後、新「さくら組」は「生活指導の徹底的な訓練化」を掲げ、一二人の子どもたち一人ひとりについて、それぞれの「枠」を定め、グループ全体を他律的に動かすようになりました。天気がよければ毎日歩行訓練が実施され、食事の作法や排泄の作法の指導も細かに行われました。こうして、編成当初は虚弱であった子どもたちの身体は、見違えるほどたくましくなっていったのでした。

そして迎えた秋の運動会、新「さくら組」の子どもたちの姿のなかに、糸賀は、子どもたちの変容をとらえます。全員が集まり、開会の挨拶のあと、準備体操が行われた場面のことです。新「さくら組」の列では、一二人がきりっと顔を指揮台のほうへ向けて、ままにならない手足を教官に合わせて動かそうと努力している様子が、糸賀にははっきりと見てとれたのでした。(9) そしてその姿を、糸賀は「社会的意欲の萌芽(10)」として受け止めたのでした。

このとき、糸賀は学園設立当初にあった「発達がとまってしまう『永遠の幼児』」と呼んだ障害の重い子どもたちに対する見方を、転換させつつあったのです。

「杉の子組」の実践

そして一九五三年、一人の「精神薄弱」児が、連続する下痢のために医局に入室することになりました。続いてもう一人、てんかん発作と同時に個別的な教育対応が必要になり医局に入室。その翌年、新たな二人を加えて、医療の支援が必要な療護児クラス「杉の子組」が発足しました。のちにびわこ学園の初代園長となる医師の岡崎英彦（一九二二―一九八七）が、この組を担当することになったのです。

当時の近江学園では、このように障害が重くかつ医療的なニーズのある子どもたちの経験がまったくなく、暗中模索の取り組みでした。当時、担当した保母は、四六時中目が離せないその状態を、「ねてもさめても子供たちと一緒であり、ほとんど休みをとることもなかった」[11]と語ったそうです。こうしたなか、一人ひとりの体調はもちろんのこと、性格や障害や成育歴等に起因する行動上の特徴について細かに配慮しながら、子ども同士のかかわり合いにも注意が向けられ、生活訓練、国語、算数等の学科の指導が行われました。日々、子どもたちと格闘し、目の前にあるそれぞれの課題に対応するのに精一杯――そんな日々を、園長の糸賀は「血みどろの生活[12]」と述べているほどです。

こうしたなかでも、岡崎は子ども一人ひとりの心の「ひだ」に触れようと努力を重ねました。そして、一年、二年と地道な取り組みを重ねるなかで、岡崎らは子どもたちの「伸び」や「主体性」を受け止めていくのです。「杉の子組」の子どもたちに取り組んで三年目を迎えたとき、糸賀は障害の重い子どもたちについて次のように述べます[13]。

> 白痴も、肢体不自由児も、二重三重の障害の子どもたちも、だれひとりの例外なく、感ずる世界、意欲する世界をもっている。ただ生かしておけばよいのではなく、どのような生き方をしたいと思っているかを知り、語り合い、触れ合い、お互いにより高い生き方へと高められてゆくような指導がなされねばならない。

新「さくら組」の取り組みで、自らの子どもの見方を変化させつつあった糸賀は、岡崎とともに「杉の子組」で、さらに障害の重い子どもたちへの教育に挑みました。そこで障害の重い子どもたちの心の中に立ち入り、語り合い、触れ合おうとし、彼らの「生きるよろこび」や「生き方」を問うようになりました。そして、子どもたちの「感ずる世界」や「意欲する世界」を読み取ったのでした。

あざみ寮の実践

同じ頃、糸賀は「精神薄弱」の女子のための保護・生活と職業指導の施設としてあざみ寮を開設します（一九五三年）。当時、「精神薄弱」の、特に女児については、将来の社会的自立を考えることは難しく、その対策も後回しにされ、成人しても行き場のない状態でした。あざみ寮は、このような「精神薄弱」女子たちの職業指導をその目的の中心に置きながら、生活のなかで、どこまでも教育的な指導をめざしました[14]。

あざみ寮では毛糸機械編みや下駄の鼻緒作りの仕事、生活の基礎的な訓練が行われていました。開設から三年経った一九五六年、田中昌人（一九三二―二〇〇五）が近江学園に研究室主任として着任しました。「もっと人間存在の根源にあたるところから研究を組み立て直そう[15]」という意気込みで近江学園に着任した田中は、発達心理学の立場から「子どもたちの心の一隅に、そっと芽を出している素朴な願い」に目を向け、子どもたちを「内面的に見る」ことにこだわっていました[16]。それは当時、世間では「教育不可能」と言われた子どもたちに対しても、その力を何とか引き出そうと悪戦苦闘の実践を重ねていた糸賀、岡崎の姿勢とも重なるものでした。その田中が、あざみ寮の指導に研究部の立場から加わったのです。

あざみ寮の織物科で毛織物作業を行っていた「Aさん」の指導に、糸賀と田中は共通のまなざしを向けています。この「Aさん」の織物作業を通した「人格形成」の指導について、糸賀と田中は、それぞれの著作で取り上げています。

「Aさん」――「織り」が上手で作業技術面では一番、複雑な数字を組み合わせて作る模様も難なくこなせてしまう彼女は、自身の立場に自信をもち、皆の憧れでした。一方で、彼女には生活面での「だらしなさ」という課題があったのです。そのような「Aさん」の課題をあるとき仲間が指摘しました。それによって彼女は打ちひしがれて気弱になり、仕事の能率もぐんと低下しました。こうした「Aさん」に対して、指導者はこれまでにない服地の大作を与え、彼女はそれをやってのけるのです。そして仕事面での成功が自信となったのか、「Aさん」は生活面でも自律した様子がみられるようになっていきました。

しかしそれから一年後、「Aさん」には再び行動上の問題が出てくるようになります。ここをどう乗り越えるべきかと、指導者側は検討を重ねました。そして、織物科の寮生たちに自分のロッカーと給与を与えるよう、指導方針の転換がなされたのです。自分たちが仕事をした分だけきちんと評価されるということ、それは彼女たちに「生産作業への自覚[17]」を促すものでもありました。その結果、「Aさん」の技術はすばらしいものとなり、その生活態度にもぐんぐん変化が現れてきたのです。そして「Aさん」に、最高の給与が出ることになったのです。生まれてはじめて自分自身の自由なお金を得た「Aさん」は、真っ赤なカーディガンを買い、仲間に誇らしげに見せたといいます[18]。

「Aさん」が「織り」の仕事について五年が経過し、彼女は仕事に自信をもつようになりました。そしてその自信は、織物だけでなくほかの生活のなかにも現れるようになっていきました。その例として、糸賀と田中は、ともに「音楽の時間」の場面を挙げています。「Aさん」と違うパートの子の間違いを彼女が指摘したとき、本人は間違っていないと主張しました。そのとき「Aさん」は「『先生、ここはこういうふうに押さえるんですね』と、自分からその正しさを求めていった[19]」といいます。

糸賀は、そのときの彼女について「その顔は、自信にあふれていた[20]」とし、田中は、「その時の彼女の表情は、いまも我々の脳裏から消えない。彼女のすばらしい成長の現れとして！[21]」と、溢れんばかりの喜びとともに記録しています。

そして糸賀は、「私たちはこの織物作業を、その技術の向上を求めながら、人格形成の契機として見つめてきた[22]」とまとめ、あざみ寮で、「精神薄弱」女子たちが、その内面を豊かにしながら人格を形成していく姿をとらえていきました。また田中は、「こうして、あざみ寮はAさんの技術的伸びという発達の外皮を人格形成という発達の中味との関係で共感した[23]」と述べ、このとき「発達的共感」という視点を示しました。糸賀、田中はともに、「精神薄弱」女子たちの変化・変容する姿に「共感」していたのです。

三つの実践をくぐって

近江学園・新「さくら組」、「杉の子組」、そしてあざみ寮。三つの実践をくぐって、糸賀の、障害のある子どもへの見方は明らかに変化していることがわかります。先に述べたように、近江学園設立当初、糸賀は障害の重い子どもに対して「永遠の幼児」と呼び、差別的な見方をはっきりと表していました。ところが、新「さくら組」の取り組みで、比較的障害の重い子どもたちが変わっていく姿に気づき、「杉の子組」の取り組みで「療護児」と呼ばれた障害の重い子どもたちの「感ずる世界」や「意欲する世界」を受け止め、障害のある子どもたちに「共感」する姿勢を身につけていきました。さらに、あざみ寮の実践で「精神薄弱」女子たちが、その内面を豊かにしながら人格的に変化・変容する姿に「共感」していたのです。

でもそれは、糸賀個人の内面が変革されてゆくプロセスというよりはむしろ、糸賀、岡崎、田中が障害のある子どもたちに共通の「まなざし」を向け、糸賀の思索と岡崎の実践、そして田中の研究が行き来したからこそ可能になったものと考えられます。そして、障害のある子どもたちの「心」や「内面」を見たいという、糸賀、岡崎、田中のこうした姿勢は、さらに、びわこ学園という障害の重い子どもたちへの実践の場において確実なものとなっていくのです。

（1）糸賀一雄（一九五四）「近江学園『さくら組』の記録」『ひかりまつ子ら』国土社、八八ページ。
（2）糸賀一雄（一九五〇ａ）「問題児の対策」『社会福祉研究』第二号（初出）、糸賀一雄著作集刊行会編（一九八二ｂ）『糸賀一雄著作集Ⅱ』所収、日本放送出版協会、三二八ページ。
（3）「さくら組」は一三人の「痴愚児」および「白痴児」で構成されていた。糸賀は、「精神薄弱児」を、その程度によって三種類に分類したものを整理し、「①魯鈍　知能指数　五〇―六〇　②痴愚　知能指数　二〇―四九　③白痴　知能指数〇―一九」としていることから、「さくら組」の園生の発達年齢について把握することができる（糸賀一雄（一九五〇ｂ）「精神薄弱児施設『落穂寮』誕生を見るまで」、未公刊資料、糸賀一雄著作集刊行会編（一九八二ａ）『糸賀一雄著作集Ⅰ』所収、日本放送出版協会、四〇三―四〇四ページ）。
（4）糸賀は、落穂寮の対象を「重症痴愚児、白痴児」と設定していることから、註3で記載した分類のうち、落穂寮の園生は②または③に含まれる発達年齢であったことが把握できる（糸賀（一九五〇ｂ）、四〇三―四〇四ページ）。
（5）糸賀（一九五〇ｂ）、四〇三―四〇四ページ。
（6）糸賀（一九五〇ｂ）、一四三ページ。
（7）最初に編成された「さくら組」の園生を落穂寮に送り出した後、学園ではまもなく、再び同様の発達年齢の園生を抱えるようになり、一九五二年、通称新「さくら組」が編成された。糸賀は、この新「さくら組」について「新しいさくら組」（糸賀一雄（一九六五）『この子らを世の光に』柏樹社（初出）、糸賀一雄著作集刊行会編（一九八二ａ）所収、一五九ページ）や「さくら組」（糸賀一九五四）と呼んでいる。本稿では、一九五二年に新しく編成された「さくら組」のことを新「さくら組」と述べる。

(8) 糸賀（一九五四）、九四ページ。
(9) 同前書、一二七ページ。
(10) 同前書、一二九ページ。
(11) 岡崎英彦（一九七八）『障害児と共に三十年―施設の医師として―』医療図書出版社、四八ページ。
(12) 糸賀一雄（一九五五）「まえがき」『近江学園年報』第七号、近江学園。
(13) 糸賀一雄（一九五八）「当面の諸問題」『近江学園年報』第八号、近江学園、一―一七ページ。
(14) 糸賀一雄（不祥）「あざみ寮」、未公刊資料、糸賀一雄著作集刊行会編（一九八二b）所収、六〇―八三ページ。
(15) 田中昌人（二〇〇六）「土入れ、麦踏み」京都大学教育学部第二期生有志（編）『あの頃の若き旅立ち――教育・研究・生活』クリエイツかもがわ、七九―一一四ページ。
(16) 田中昌人（一九五六）「精神薄弱児の三つの願い」『南郷』第一七号（初出）、大泉溥編（二〇一一）『日本の子ども研究―明治・大正・昭和―第一三巻　田中昌人の発達過程研究と発達保障論の生成』所収、クレス出版、一〇一―一〇六ページ。
(17) 糸賀一雄（二〇一三）「子どもたちの心の中に社会を織る」『福祉の道行―生命の輝く子どもたち―』中川書店、一三七ページ。
(18) 同前書、一七一ページ。
(19) 同前書、一七二ページ。
(20) 同前書、一七二ページ。
(21) 田中昌人（一九六四）「2．発達の中味について」『愛護』第七七号、一九―二二ページ（初出）、大泉編（二〇一一）所収、四七一ページ。
(22) 糸賀（二〇一三）、一七三ページ。
(23) 田中（一九六四）、大泉編（二〇一一）所収、四七一ページ。

第三章　〈ヨコへの発達〉の創出

「発達保障」の提起

一九六一年、近江学園は「発達保障」という考え方を提起しました。戦争を終えて、一九五〇年代〜一九六〇年代といえば、終戦後の復興と国内外の経済の開発が進み、日本は高度経済成長に突入していく時代です。経済競争に伴う能力主義、選別主義が横行し、能力が劣るとされる人が社会から切り捨てられた時代なのです。「国民所得倍増計画」のかけ声のもと、「精神薄弱」児教育においても「社会の厄介」[1]にならないために、社会的に自立ができる者への教育が優先され、それが困難な重症児者たちは当然のように教育からは除外されていました[2]。

このような時代にあって、障害の重い子ども・大人も含めた、障害のある人を「発達」する存在としてとらえ、「ひとりひとりのもつかけがえのない生命の尊さを保障し、その人格を保障し、その発達を保障する」[3]という「発達保障」の理念は、歴史的な権利創造の思想でもありました[4]。

びわこ学園の創設

一九六三年、「発達保障」の理念を掲げて、重症心身障害児施設びわこ学園が開設されます。岡崎は、「杉の子組」の子どもたちとともにびわこ学園に移り、その園長となりました。これまで、福祉からも教育からも切り捨てられ、行き場のなかった障害の重い子どもたちが、次々とびわこ学園に入園してきました。そうした子どもたちの多くは、てんかん発作や脳性麻痺によるさまざまな症状をもち、医療の支援が必要で、目が離せない子どもたちでした。入園した子どもたちは頻繁に体調を崩し、岡崎医師一人では到底診きれない状態で、外部の医師の応援を頼んでようやく処置や診療が回っているという状態であったそうです。

こうした状況で、障害の重い子どもたちへの教育の中身も方法もわからず途方に暮れる日々が続きました。それでも岡崎は、「赤裸々な人間として一つの〝いのち〟として相対する以外にすべがないように感じます。この子供達も、他の子供達と同様に、しかし非常に限られたさだめのなかで、全力で生きているのです」、だから、向き合う側も「全力で相対する」努力をしなければならないと訴えています[5]。糸賀も同様に、「風の中の灯のような生命も、その発達がしっかりと保障される仕組みを実現し、どんな生命も、生まれてきた甲斐があったことを、何らかの形で実証しなければならない[6]」と述べています。

一方で、岡崎も糸賀も、生命だけ保障すればそれでよいのだろうか、障害の重い彼らの「生き甲斐とは？[7]」、障害の重い彼らの価値は「生きていることそのもの」なのだろうか、「白痴の人たちのどんな生き方が本当の幸せであろうか[8]」と自問するようにもなっていきます。岡崎と糸賀は、生命の先にある重症児者の価値を問うようになっていくのです。

見えてきた子どもたちの変化

開園から二～三年が経過し、岡崎は「第二びわこ学園」（一九六六年開園）の建設と施設整備を進めながら新職員の補充、新入園児等への対応、介助を中心とした日課の組み立てとその維持、そして頻繁におこる二次的な病状への、医療、看護面からの支援に追われる日々を過ごしていました。同じ時期、職員らは多くの子どもたちが、入園当初に予想したよりも大きな変化をしているのに気がつきはじめました。特に、比較的障害の軽い子どもたちの見せた変化は顕著でした。子どもたちは、これまで過ごしてきた家庭よりも広い空間と集団で過ごすことでさまざまな刺激を受け、それらに反応し、子どもたち同士がかかわり合うようになったのです。ならば、もっと子どもたちの生活圏を広げ、場を変え、身体を動かし、新しいものに触れさせ、見せ、聞かせ、時には異なる集団の子どもたちとかかわれるようにしてはどうかと、積極的に活動が展開されるようになっていきました。障害の重い子どもへの療育の方向性が、ようやく見えてきたのです。動く子どもたち、動ける子どもたちに対して取り組まれた園外への散歩、遊びや訓練、そこで生まれた「石運び学習」[9]はびわこ学園での療育活動の中心となりました。一方で「寝たきり」の子どもたちには体調管理と療育とのバランスが定まらず、なかなか療育の糸口が見いだせずにいたのです。

しかし、麻痺の軽い子どもたちが見せた「変化」を前にして、「寝たきり」の子どもたちにも積極的なかかわりを模索することで、取り組みの糸口がつかめるのではないかという期待もありました。そこで、指導員や保母たちは、特に重い障害の子どもたちをベッドからプレイルームに運び、時には戸外へ連れ出したのです。指導員らは、子どもたちの手足や身体全体を動かしおもちゃ等を工夫し触らせたり、音楽を聞かせたりしました。乳母車や車椅子に、さらには自動車に乗せて少し遠出をする等、さまざまな積極的な試みを始めたのです。「ベッドからプレイルームへ、戸外へ、園外へ」[10]という言葉が合い言葉のようになり、園外活動という言葉も定着してきました。このときの取り組みは「ゆさぶり、ひきだす」[11]という言葉で総括され、積極的な療育が展開されたのでした。

生命の先にある重症児者の「価値」とは

こうした取り組みを経て、かつて重症児者の「生き甲斐」を問うた自問に、岡崎は確かな答えを見いだすようになりました。それは「どんなに重い障害をもっていても、人間としての生きがいとなるものがあるはずであり、それはあくまでも人間としての発達をおしすすめる生活のなかで見いだされるものである」[12]というものでした。

糸賀もまた、「生命」の保障の先にある重症児者の価値とは、という問いへの答えを見いだしていました。糸賀は、「人間には誰にも人並みでないところがある。つまりいろいろな面がある。しかしそれぞれ誰かにおきかえられることなく、その人なりに一生懸命に生きている。発達しつづけているのである」[13]と、障害の重い彼らが懸命に生きている姿のなかに、そのかけがえのなさを見いだしながら、「発達」を語りました。

また、近江学園やあざみ寮等の実践において、どんなに重い障害があっても彼らは発達するということを確認していた田中は、びわこ学園の実践にも研究者の立場からかかわっていました。田中は、障害の重い子どもたちへの取り組みにおいて、重症児者と同じ「発達」という次元で、それに取り組む側の人間が「共感」することを「発達的共感」[14]と呼びました。そして、その「発達的共感」がなされることによって、どんなに障害が重い子ども・大人であっても「他の人の何ものにも置き換えがたい主体的な生き方」[15]をするようになる、それこそが、重症児者における「自己実現」[16]であると述べました。そして、この「自己実現」は、障害の有無や程度にかかわらず、すべての人間の発達の道行きのなかでなされるものであるということを強く主張したのでした[17]。

価値の転換

岡崎や糸賀が直面した、生命の先にある「重症児者の価値」とは何か、どのような「生き方」が彼らにとって本当に幸せなのだろうか、という本質的な問いを解く鍵が、「発達」でした。びわこ学園での二年間の実践から、糸賀は、自身の重症児者観に確信をもち、次のように述べています[18][19]。

> どんな子どもも発達する。たとえ重症な心身障害のために寝たっきりの子どもであっても発達する。

> 発達は、二歳が三歳となり、三歳が四歳となるという方向で不断のつみあげがなされるばかりではない。二歳は二歳として、三歳は三歳として、そのおのおのの段階のなかに実現しなければならぬ無限の可能性をもつのであるから、この可能性を豊かにみのらせることが発達の中味である。豊かな人生、生きがいのある人生は、あらゆる現在をそれ自体として充実させることにある。そのことがあふれて次の段階に発達していくような生活であらしめたい。

またこの時期、糸賀は「精神薄弱児の発達保障について」と題する講義メモに、縦軸と横軸の発達について図を描いて説明しています[20]（資料1）。その図では、「縦軸」の伸びる先に「発達」、「横軸」の線上に「豊

資料１　「第二回鳥取県特殊教育研究大会でのメモ」（未公刊資料）

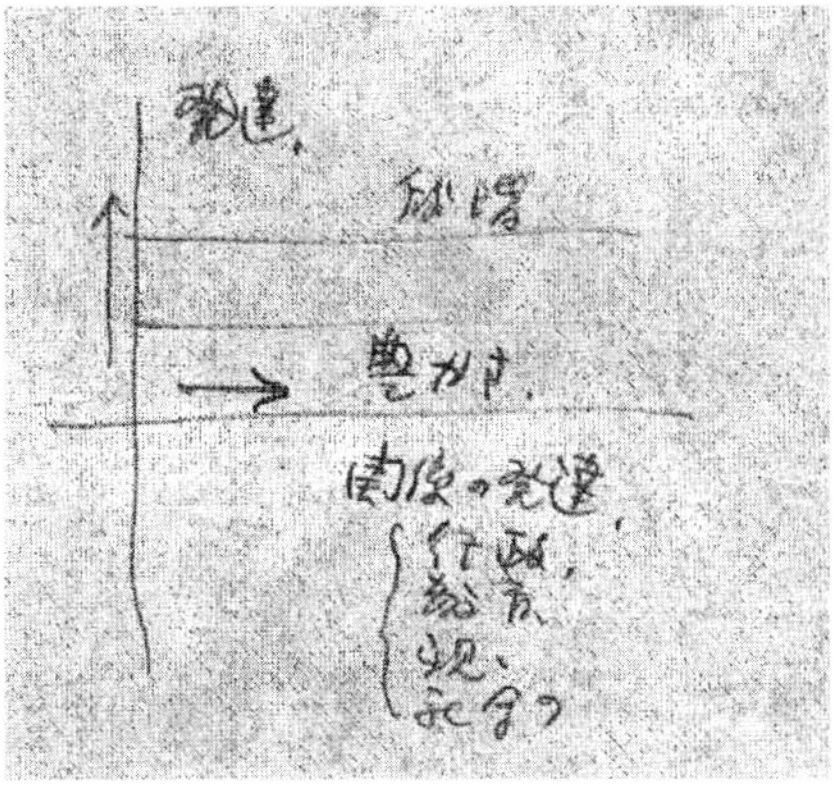

かさ」と記し、「横軸」の線下に「関係の発達」と書かれています。

重症児者の価値は、生命だけにあるのではない。自らの価値感が転換していくなかで、彼らも「発達」するのだということは、もはや糸賀の確信となっていました。糸賀は、「永遠の幼児」という近江学園設立当初の子どもへの見方を転換させ、子どもの内面に寄り添い、彼らの生き甲斐を追求することを、障害の重い子どもたちへの療育・教育の本質であるととらえ直すに至っていました。それは、過去の自分自身の価値観と対決する過程でもありました。

〈ヨコへの発達〉の結像

糸賀は、重症児者の生命の躍動とともにある「心の動き」とそこにある主体性に触れ、子どもたちの変化をつかんでいました。また、職員の子どもを見る目が変わっていく姿を間近に見て、何とかこの事実を世に伝えなければならないと思案していました。そして、ついに一九六六年、糸賀は、探し求めていた「重症児者の発達」を的確に表す用語を「横（横軸）の発達」として語ったのでした。近江学園・びわこ学園での実践の上に、田中らが理論的に明らかにし、命名した「横（横軸）の発達」という四（五）文字は、糸賀が自問自答し続けた、「生命の先にある重症児者の価値」を示すものにほかならなかったのです。

学園の人たちが、縦軸の中にではなく横軸の中にこそ発達の広がりがあることに気づいたことは、もう見込みがないと思って希望を失いかけていた時だけに、大変な力を与えてくれました。

このあらゆる発達段階の中で、むしろ発達段階そのものは横の広がりが中味《ママ》であるということです。この横の広がりとは何かといえば、かけがいのないその人の個性です。他の何物ももって代えることのできない個性が、あらゆる発達段階の中味《ママ》をなしていることです。この中身が個性的にぐんぐんと形成されていく。もうA子ちゃんはA子ちゃんなんだという個性が、一歳なら一歳のなかに、豊かに、豊かに、なっていくわけなのです。

これが、糸賀が「横（横軸）の発達」について語った最初のものです[21]。その後、糸賀はさまざまな言い回しで「横（横軸）の発達」について語るようになります[22]。

人間の価値はこの縦軸の比較の世界で相対的に評価されるばかりでなく、横軸への無限の挑戦の中に見られる絶対的な価値の基準をもっている。

そういういろいろとちがった発達の段階のどれを見ても、その発達段階なりの生活がある。その生活が、ただ寝ているだけであっても、はうだけであっても、またやっと立っているだけであっても、豊かな内容のあるものに育てられるかが問題なのである。縦軸の発達ではほとんど絶望であっても、横軸の発達は無限といってもよい。

糸賀は、重症児者の人生には障害克服の努力とともに、今の生活を豊かにするという方向で、無限の発達の可能性に挑戦するという意義があること、それは、万人に共通の「人生の価値」であると述べました。それはかつて「白痴の人たちの幸せとは」と糸賀自身や職員たちに問うた、命題への答えであったのでしょう。また糸賀は、「ヨコ軸の無限の可能性への挑戦[23]」を支えるために、障害児や彼らに取り組む人びとの生活条件や制度、政策の充実を訴えました。そして、「どんなに障害がひどくても、その発達段階のなかに、一歳は一歳として、三歳は三歳として、それは私たちが四十歳、五十歳の人生のもつ意味と同じ価値をもつ[24]」と、つまり「二歳の子どもが縦軸で三歳でないから価値が低い」のではなく、「価値に上下があるということはない」と言い切りました。糸賀の「横（横軸）の発達」は、「経済がすべての価値の基準」であった当時の社会に対して、「人格的な絶対的な価値」を突きつけるものでもありました。

同じ時期、岡崎は「〝よこ〟への育ち」という言葉で〈ヨコへの発達〉を語っています。創設から三年余りを経てびわこ学園で認められた、重症児者の「予想外ののび」。その変化について岡崎は、「〝たて〟への育ちというより、〝よこ〟への育ちといえるもので、行動にゆたかさが見られる[25]」と記しています。

岡崎は、これまでの取り組みから、行動評定でとらえた「〝たて〟への育ち」は、「せいぜい二年余りで鈍り、止る」として「療育効果の限界」があることを実感していました。しかし、その一方で「療育者と児童がより密接な関係場面をもつことが出来れば出来るほど、児童の反応活動は活発となり、ゆたかになり、生き生きとしたものになる」という事実がありました。そしてこれを「〝よこ〟への無限の育ち[26]」であると述べました。この「〝よこ〟への無限の育ち」は、「〝たて〟への育ちを促進した源泉」となるばかりでなく、療育者の育ちを促し、それによって両者の関係の質をより高めるものだと言い切りました。

こうして、子どもと療育者の両者が「育ちあう関係」を通して、びわこ学園では、子どもたちを「〝たて〟への育ちにおいてではなく、むしろ〝よこ〟への無限の育ちにおいてとらえようという視点」を明確にしました。それは、「〝たて〟への育ち」のある時点でつまずくことがあっても、重い障害のある子どもたちが彼らなりに見せる精一杯の自発的な活動に寄り添って、療育者側が多様に働きかけることで、子どもたちが自らの障害に主体的にぶつかっていくプロセスそのものの追求をめざすものでした。

岡崎も糸賀も、たとえ重い障害のある子どもたちであっても、「この方向での育ちの可能性は無限である[27]」ことを、三年間の実践を経て確信していたのでした。

発達心理学研究の立場から実践をみていた田中も、同じ頃に「横への発達」を語っています。田中は、発達には上へのびる方向があるだけでなく、「操作特性の交換性を高める」という「横へのびるという方向」があり、それは「無限の可能性への挑戦」であると述べています。そして、たとえ上へのびる方向、すなわち「高次化」が達成されないとしても、同じ次元において「ゆたかさが同一可逆操作特性の交換性を高めていくことで、代理不可能な主体性を形成していく」ことができると述べました[28]。この「代理不可能な主体性」というのは、平易に言えば、「その人の持ち味が形成されて、他と置き換えのできない人」になることであり、田中はそれを「自己が実現」することであると言います。また、これまでも繰り返し述べてきたように、その「交換性の高まり」は、子どもと療育者との「発達的共感」関係において、療育者が発達的理解に基づいて子どもの要求に対して「創造的配慮」をしていくなかで生まれ得ると述べました。

三者三様の表現

おもしろいことに、糸賀、岡崎、田中は、〈ヨコへの発達〉について、それぞれの表現・表記をしています。この違いの原因は、もしかしたら、宗教哲学を学んだ糸賀、医学を学び医師として実践に参与する岡崎、そして発達心理学の立場から学園で発達研究を進める田中という、専門性や立場の違いからくるものかもしれません。そして、もう一つ考えられるのが、「発達」という言葉や考え方に対する三者の姿勢の違いです。

しかし、大事なのは三人の共通点です。その第一として、三人が〈ヨコへの発達〉という考え方を創出するに至った原点には、子どもの「内面」を見たい、「心」に触れたいという強い思いがあったことです。そして第二に、「生命」の先にある「重症児者の価値」を見いだし、一九五〇～一九六〇年代当時の人間理解の仕方に変革をもたらそうとしたことが挙げられます。それとかかわって第三に、三人はともに「縦（たて）（タテ）」の発達に対して「横（よこ）（ヨコ）」の発達を打ち立てていることです。つまり、三者が示す縦軸とは、糸賀の言葉を用いれば「比較の世界で相対的に評価される」というような、新しい能力の獲得を意味する発達のことです。しかしそうした他者と比較する世界では、重症児者は取り残されてしまいます。そこで、能力の獲得とは別に、「個性の広がり」や「主体性」、「豊かさ」に目を向けると、その方向での重症児者の発達は無限であることが、これまでの実践で証明されたのです。三人はそれを、「横（よこ）（ヨコ）」としたのでした。さらに第四に、三者は共通して「縦（たて）（タテ）」と「横（よこ）（ヨコ）」の関係にも言及しています。つまり、「横（よこ）（ヨコ）」方向の発達は、「縦（たて）（タテ）」方向の発達の源泉となり、「縦（たて）（タテ）」方向の発達を促すものであると提起していることです。

糸賀の死

一九六八年にこの世を去ることになる糸賀は、晩年には「横（横軸）の発達」を「横の広がり」という言葉に言い換えて、その中身を深めながら、独自に語っていきます。重症児者の「横の広がり」の中に「人生」の意義を見いだした糸賀の「横の広がり」には、重症児者のみならず万人に共通する「人生」の「豊かさ」や「可能性」、そして「希望」が託されていました。

一九六八年九月一七日、亡くなる前日に行われた講義において、糸賀は「人は人と生まれて人間となる」、重症児者も私たちも、「発達観から見ても根っこが一つなんだという共感の世界」「人間と人間の関係」[29]、という言葉を遺しました。

「〝よこ〟への育ち」という言葉で〈ヨコへの発達〉を語った岡崎は、「発達」ではなく「育ち」という言葉で重症児者の主体性や重症児者と療育者との関係性をとらえていました。糸賀と岡崎がこだわり続けた、「発達」では収まりきらないものを含みこむ、幅をもった概念として一九六六年に結像した〈ヨコへの発達〉は、「発達保障」を掲げて創設されたびわこ学園での重症児者への取り組みのなかで、その後どのように展開されていくのでしょうか。

(1) 林部一二（一九六六）「特殊学級における職業教育」『学校運営研究』第四九号、一〇一ページ。
(2) 田中昌人（一九七四）『講座　発達保障への道　②夜明け前の子どもたちとともに』全国障害者問題研究会出版部、九一六四ページ。
(3) 糸賀一雄（一九六五ａ）「指導体制についてのわれわれの立場」『近江学園年報』第一一号。
(4) 髙谷清（二〇一三）『異質の光』大月書店、二二五ページ。
(5) 岡崎英彦（一九六四ａ）「ごあいさつ」『びわこ学園だより』創刊号、一ページ。
(6) 糸賀一雄（一九六四ａ）「静かなる迫力」『びわこ学園だより』創刊号、二ページ。
(7) 岡崎英彦（一九六四ｂ）「素朴なねがい」『両親の集い』第九八号、九ページ。
(8) 糸賀一雄（一九六五ｂ）「社会福祉施設について――重症心身障害児施設の必然性」『兵庫県社会福祉協議会』、一〇九―一三二ページ（初出）、糸賀一雄著作集刊行会編（一九八三）『糸賀一雄著作集Ⅲ』所収、日本放送出版協会、三六三ページ。
(9) 岡崎英彦（一九七八）『障害児と共に三十年―施設の医師として―』医療図書出版社、七九ページ。
(10) 同前書、七九ページ。
(11) びわこ学園（一九七八）『創立一五周年記念誌　びわこ学園の一五年一九六三―一九七八』びわこ学園、一九二ページ。
(12) 岡崎英彦（一九六五）「第二びわこ学園の出発に当って」『びわこ学園だより』第五号、二ページ。
(13) 糸賀一雄（一九六四ｂ）「精神薄弱児対策の問題点―特に福祉対策の現状と課題」『精神薄弱児研究』第七四号、四―七ページ（初出）、糸賀一雄著作集刊行会編（一九八三）所収、三八四ページ。
(14) 田中昌人（一九六四）「重症心身障害児の発達―1―」『愛護』第八二号、一九ページ。
(15) 同前書、二〇ページ。
(16) 同前書、二〇ページ。
(17) 同前書、二三ページ。
(18) 糸賀一雄（一九六五ｃ）「ゆたかな発達を」『滋賀社会福祉』第八三号、三ページ（初出）、糸賀一雄著作集刊行会編（一九八三）所収、三四九ページ。
(19) 糸賀（一九六五ａ）八ページ。
(20) 糸賀一雄（一九六五ｄ）第二回鳥取県特殊教育研究大会でのメモ、未公刊資料。

(21) 糸賀一雄(一九六六)「この子らを世の光に(二)――重症心身障害児の生産性について」『両親の集い』、第一二八号、一九ページ。
(22) 糸賀一雄(一九六八a)「特殊教育の思想的背景――人間の価値観について」『特殊教育事典』(初出)、糸賀一雄著作集刊行会編(一九八三)所収、四〇二ページ。
(23) 糸賀一雄(一九六八b)「障害児をもった親の心の支え」『まみず』第三巻第九号、四一―四六ページ(初出)、糸賀一雄著作集刊行会編(一九八三)所収、二九四ページ。
(24) 同前書、二九四ページ。
(25) 岡崎英彦、小池清兼、森敏樹(一九六六)「重症心身障害児療育の基本的問題」『心身障害者福祉問題研究叢書 1』心身障害者福祉問題綜合研究所、四四ページ。
(26) 同前書、三八ページ。
(27) 同前書、三八ページ。
(28) 田中昌人(一九六七)「こどもの発達と生活指導」(一九六六年八月、第七回全国寮母大会記念講演)『寄宿舎教育』第三巻、五三ページ。
(29) 糸賀一雄の最後の講義「施設における人間関係」(滋賀県大津市で行われた滋賀県児童福祉施設等新任職員研修会での講義)の録音テープを収録した、糸賀一雄(一九七二)『愛と共感の教育――最後の講義』(柏樹社)の復刊版である、同(二〇〇九)『糸賀一雄最後の講義―愛と共感の教育―〔改訂版〕』中川書店、三八ページ。

第四章 〈ヨコへの発達〉創出から半世紀

「第一びわこ学園」――重症児者療育の確立（一九六〇年代〜一九七〇年代）

びわこ学園は、一九六六年、二つの施設に分立します。創設当初のびわこ学園が「第一びわこ学園」（現在のびわこ学園医療福祉センター草津）に、そこから健康面、移動面、意思伝達面で比較的障害が軽度の人たちが移動する形で開設したのが「第二びわこ学園」（現在のびわこ学園医療福祉センター野洲）となります。ここでは「第一びわこ学園」の一九六〇年代から二〇一〇年代までの取り組みをみていきましょう。

糸賀が亡くなったあとも、岡崎はびわこ学園の園長として学園での取り組みを重ねていきます。〈ヨコへの発達〉の結像にもつながったように、一九六〇年代後半、「第一びわこ学園」の職員らは、設立後の混乱が落ち着き、子どもたちの応え方の「微妙な変化」を発見するようになっていました。

活動量の多い園生たちが「第二びわこ学園」に移動し、「第一びわこ学園」には「寝たきり」の子どもや動きの小さい子どもたちが多く在園するようになりました。さらに、一九六〇年代終盤からは、特に障害が重い「虚弱児」と呼ばれる子どもたちも受け入れるようになっていきました。

こうしたなか、「第一びわこ学園」では「ベッド生活からプレイルーム中心の生活へ」、「屋内活動中心の生活から、屋外活動中心の生活へ」[1]と目標を掲げ、積極的な療育を展開しました。また、療育記録映画「夜明け前の子どもたち」（一九六八年）の撮影が開始されたのもこの頃です。映画撮影を通して、職員らは、これまで「反応」がなかなか捉えにくい園生とされていた「しもちゃん」の「笑顔」に出会い、潜在していた子どもたちの意欲や能力を発見しました。そして、「寝たきり」の子どもたちには姿勢転換と四肢末端へのリズムをもった働きかけといった「療育内容」と、職員と子どもとの「関係の育ち」が必要不可欠であるということを学び、日中活動の組織化やグループ編成がなされ、積極的な療育が展開されました。

ところが、「ベッドからプレイルームへ」、「プレイルームから戸外へ」と活動を広げていくと、子どもによっては発熱が続き、活動に参加できないということが起こりました。より虚弱な子どもたちへの療育の在り方が問題になったのです。職員の間では、ベッドで熱と闘っている子どもたちの、全面発達に働きかける療育実践を用意していくことの必要性が再認識されました。そして、ベッドでの健康増進の取り組みが摸索され、更衣や氷枕づくり、清拭も保育といえるのではないかと検討されるようになりました。また、絶対安静以外の子どもたちには、許される条件のもとで、戸外での活動をベッドサイドでも経験できるよう、ベッドサイドでの行事、部屋の装飾などの工夫がなされました。

一方、こうした積極的な療育の展開は、職員の腰痛症を引き起こしてしまいました。それによって休職や退職する職員が増え、職員不足が深刻なものとなっていきます。その結果、更衣や遠足が中止されるなど、子どもたちの生活や療育活動にも影響を及ぼすようになりました。

ようやく虚弱児への療育の方向性が見えてきたというのに、この時の職員体制では子どもたちの「全面発達」に働きかける実践を準備することは困難でした。職員不足と大量の職員の入れ替わりで療育が停滞し、子どもたちの変化の実態を十分に押さえることができないというもどかしい状況が続きました。

こうしたなか、生活基盤をベッドに置く虚弱児グループの子どもたちには、なんとか「健康増進」を中心にした取り組みが続いていました。清拭を中心とした日課を組み、生活リズムを確立させ、「ベッド生活における豊かさ[2]」がめざされました。「安静」を、ただベッドに寝かせておくことと捉えるのではなく、「最も快適な状態をつくりだすこと」と積極的に捉え、たとえベッド生活であっても、子どもたちに豊かな表情をつくりだしていったのです。こうした「健康増進」の実践を通して、職員らは「身体を強くするとりくみは、実は、心に対する働きかけでもある[3]」ということを確認したのでした。

「第一びわこ学園」――重症児者療育の深まり（一九八〇年代～一九九〇年代初頭）

一九七九年、養護学校教育が義務化されたことを背景に、びわこ学園でも、通学する園生が増え、積極的に短期入園、緊急一次保護入園の受け入れを開始しました。同時に、年少で虚弱な重症児たちの入園を多数受け入れるようになります。

「寝たきり」でより重症な子どもたちで編成された南病棟では、療育目標を「いのちをまもり、いのちをつよめる」、「友だちや大人（職員）との豊かな関係をつくりだす[4]」と設定し、生理的基盤の確立と個々のリズムに寄り添いながら調子の良い時に働きかけるといった緻密な取り組みが行われました。

この時期の『年報』や「病棟総括集」では、「ひさし君」「マー君」「ター君」の事例がたびたび取り上げられています。

「ひさし君」の事例では、姿勢を変えたり、触れられたりするだけで泣き、いったん泣きはじめるといつまでも泣き続けるという状態の彼に対して、職員が泣くことの意味や原因を懸命に探り、触れられることに慣れさせようと意識的に身体接触を行いました。記録には「快、不快の表情がつかめてきた。快…目をみひらききょとんとしたいい表情。不快…泣く[5]」と記されています。こうした取り組みを続けた結果、取り組み以前は眠っているか泣いているかという状態であった「ひさし君」が、姿勢の変化に慣れてきました。同時に、泣き方にも甘えたような泣き方、力強い泣き方をするなど変化がみられてきたのでした。そして、だっこされることに慣れない頃は、頭を撫でる、背中をたたくなどでおさまっていた「泣き」も、次第にだっこに慣れてくると、それだけでは泣きやまず、職員がだっこすると途端に泣きやむということがみられるようにまでなっていきました。「泣く」ことを「要求表現」としてとらえることで、職員との関係が築かれたのでした。

不随意運動のある「マー君」の事例では、身体の状態が長期にわたり悪化し、生きるか死ぬかの闘いにまで至ります。医療チームによる懸命の救命活動のなか、職員は、繰り返される彼の不随意運動の強弱に気づくのです。この取り組みの経過が「不ずい意運動がつよくなる→体交（体位交換：引用者注）するとおちつく。咳が集中してくる→オムツ交換をするとおちつくなど、症状としてみていたことが、要求表現ではないか、ということがわかってきた」、「しんどい中から、マー君自身も、自分の感情や、表情を、発声、啼泣という形であらわすようになった」、「さまざまな角度から、少しでも楽な方向へと考えた。それがマー君の要求と一致したとき、大きな口をあけて眠りだすという姿が多くなった」、「1秒も目をはなしていられない…苦しい顔、調子の良い顔、おこった顔…その表情をひとつひとつよみとれる関係[6]」と記録されています。

「ター君」の事例でも、泣いている原因がつかめず、泣きやませることもできない状態であった彼に、職員は「泣くことを要求表現のひとつだ」ととらえ、少しずつ彼の「不快」要因を排除し、「快」をつくりだす取り組みを行いました。「不快な啼泣（要求表現としてみる）に対してすぐに接して、不快を取り除こうとした」、「身体へのタッチ（抱っこ、ゆさぶり）を増やした」「快適な状態を1日のなかで多くつくる」[7]といった取り組みの結果、彼は「快」の状態の時に笑顔を見せるようになったのでした。

　こうした事例を通して、療育における思想と実践の方向性が少しずつ明らかになりました。「生命を守り、健康をつくる」という「いのち」という絶対的なものに加えて「健康増進」の必要性、そして身体と心を統合してとらえ、活動と安静を通して「快適な状態をつくりだしていくこと」の必要性が見えてきたのです。ここでは「快」を、「主体が外界により能動的に向い《ママ》働きかけていく、そうした働きの源泉となる心身の状態である」[8]ととらえ、そうした状態をつくることで、たとえば「心地よい風」などを、受け止める能力を広げ豊かにしていく療育がめざされたのでした。そして、こうした取り組みの過程で築かれる「人」との「共感」を基盤とした「関係」が何よりも重要であり、「関係の育ち」を支えていくことの重要性が認識されたのです。

　一九八〇年代後半から、「第一びわこ学園」では、さらに健康状態が不安定な園生や「最重度」といわれる園生を抱えるようになります。また園生の手術や栄養チューブ挿入術等、医療の介入が必要なケースが目立つようになっていきます。

　こうしたなか、引き続き発作、筋緊張、不随意運動等さまざまな「不快」な思いをしている園生たちに「共感」し、少しでも「快適」な状態になれることをめざした取り組みに力が注がれました。

　この時期、幼い二人の園生の死を経験した学園では、最期のその時まで続けられた彼らへの療育から、再度「いのちを守る」ことの重要さを再確認しました。これまで「健康増進」として積極的に取り組んできたこと――たとえば、乾布摩擦、日光浴、外気浴、経管栄養から経口摂取への取り組み――は、生きる最低限の条件さえ整っていない子どもたちには、オーバーワークではないのだろうかと自省されたのです。そして、健康増進のように鍛錬することも必要ですが、そこまでの基盤がしっかりとできていない場合は、生理的な基盤をいかに保つことができるか――つまり、まずは快適に生活できるのかを追求していくことが必要なのではないかと職員間で合意がなされました。

そして、障害が重くても、虚弱であっても、発達段階が低くても、苦しいことや死にたちむかい、闘っている姿に共感することこそが「療育」なのであると確認されたのでした。それは園生の重度・重症化が進行する「第一びわこ学園」の「いのちを守る」という療育理念を決定づけるものでもありました。

療育が深まりをみせ、療育理念が確固たるものとなったこの頃、「第一びわこ学園」では、新築移転に向けての準備が本格化します。移転に向けて、「ふつうの生活を社会の中で」という大きな基本理念を掲げて、その実現に向けて各病棟の療育が展開されていきます。北病棟では、集団編成をより小集団化し、移転に向けて「ホーム制」の実現をめざし、「ふつうの生活」により近づけるための環境設定がなされていきます。南病棟では、慢性的な看護師不足に悩まされながらも、移転後の生活を想定して日課の見直し等が行われました。南北病棟ともに移転後は医療を重視した生活棟である「メディカルホーム」としての機能が想定され、医療と生活の両方を保障することがめざされていきました。

このような取り組みや体制を継続・発展させていくなかで、「重症児にとって、ふさわしい生活とはなにか・ふつうの生活とはなにか[9]」が追求されていきます。重症児者であっても、「ふつうの生活を社会のなかで」という移転構想の理念には、「どんな重い障害の子も、みんな人間としての発達のみちゆきを歩む。のびる主体、暮らしの主人公へ[10]」という重症児者観の転換の意味が込められていたのでした。

そして一九九一年、「第一びわこ学園」は草津へ移転します。医師および多彩なコメディカルスタッフによる充実した医療体制で病棟運営や外来診察を行い、新たな最重度児を受け入れ、さらなる療育を展開していきます。

「第一びわこ学園」――「超重症児者」への療育（一九九〇年代中盤～二〇〇〇年代）

新しくなった「第一びわこ学園」では、呼吸困難を伴う超重症児者の受け入れも始めました。この頃から、退行性疾患等の園生のターミナル支援、高齢による機能低下への対応等、「第一びわこ学園」の対象とする園生は質的に大きく変化していきました。

そうしたなかでも、学園では、長期ベッド生活者には生きる意欲を絶やさないための療育が続けられました。度重なる呼吸障害に苦しんでいた「N君」に対して、気管切開という医療的選択を下すまでに、家族と職員が、「N君」の「QOL（Quality of Life・生活の質）」向上のための援助方法を探った過程等が記録されており、「QOL」という用語が学園内で用いられはじめたのもこの頃でした。濃厚な医療的支援を得ながらも「よりよく生きていく」ための療育実践が展開されたのでした。

そして二〇〇二年、新しく「びわこ学園の理念」が提起され（資料2）、理念にある「いのち」「ふつうの生活」「まちづくり」をキーワードに、一人ひとりの園生にあった療育が行われました。

たとえば、最重度の障害があり常に医療的ケアを必要とする子どもや成人の病棟では、「どんなに障害の重い人たちであってもそれぞれに『生活の楽しみ方はある[11]』」ということを療育目標に、人権を守り、安全

資料２　「びわこ学園の理念」

びわこ学園の理念
（2002年９月27日）

障害の重い人たちの生活の創出と幸福を追究してきたびわこ学園の創設者、糸賀一雄は「この子らを世の光に」と提唱しました。びわこ学園はその意義を自覚し、障害の重い人たちが市民として生きる社会を目指します。

1　一人ひとりの尊厳を重んじ、他とおきかえることのできない“いのち”を支えます。
2　その人らしさが輝く、「ふつうの生活」をおくることができるよう支援します。
3　障害のある人たちが安心して暮らせるまちづくりをすすめます。

出典：びわこ学園（2003）『びわこ学園年報　2002年度報告』、2002年度びわこ学園年報編集委員会編、４ページより筆者作成

でより快適な生活の保障がめざされました。外出の幅を広げて花火、クルージング体験、買い物、夕食をかねてのコンサート等、「日中活動の充実」として月一、二回の班活動を実施し、園生それぞれが「主体的に取り組める場」となるように工夫されました。この時期、「第一びわこ学園」における人工呼吸器使用者は七名、重症児者一五名（二〇〇三年）となり、ますます重度・重症化が進行しています。

常に誰かが体調を崩し、利用者の重症化がさらに進行した二〇〇〇年代後半には、医療的ケアや介護負担の増加と職員体制の不安定さから日中生活を変更せざるを得ない状況にも陥りました。利用者はベッドサイドでパジャマで過ごす時間が増えましたが、それでも外出とサークル活動は継続され、「生活の質」を保障し余暇を楽しむ活動を通して、「利用者一人ひとりの自己実現」[12]がめざされました。

「第一びわこ学園」――「終末期の療育」（二〇一〇年代）

二〇一〇年代、学園では、医療必要度がますます高まり、半数以上が超重症児者となった病棟もありました。同時期、悪性腫瘍の発症や全身の機能低下を呈した園生がいたため、「第一びわこ学園」では終末期の支援に力が注がれました。

悪性腫瘍を発症した利用者については、手術の選択や告知などの倫理的視点について家族と相談し、本人にとって最善の方法を考え丁寧な支援が行われました。全身の機能低下が生じた超重症児者についても、本人が安楽に過ごせる方法を考慮しながら病棟全体で利用者を「全人的に」受け止める方法が検討されました。病棟で行われた「ターミナルケア」については、当時行われた「デスカンファレンス[13]」の報告がなされています。そのなかでは、病状の変化に伴い日を追うごとに利用者とのコミュニケーションが難しくなるなかで、本人が何を訴えたいのか、「聞き取れないことで利用者の期待に応えられない」と苦悩しながらも、「できるだけ本人に寄り添い少しの変化も見逃さず利用者を理解しよう」とする職員の姿がありました。そして、重い障害ゆえに自分の希望や苦痛の程度を言葉で訴えることができない重症児者、超重症児者への「ターミナルケア」では、「利用者がその人らしく自分の望む最期を迎えることが出来たか、その人の尊厳に配慮出来たか[14]」ということを常に意識したかかわりが行われました。

「第一びわこ学園」における「ターミナルケア」や「看取り」は、たんなる終末期の支援に留まらず、最期まで「その人らしさ」や「本人の思い」を追求した、「終末期の療育」なのでした。

二〇一三年、創立五〇周年を迎えたびわこ学園の記念誌には、三五歳になった「ター君」の事例が掲載されています。「年少虚弱児」として入園した「ター君」は、学童期、青年期を経て一人の青年として力強く生き、社会生活を広げています。その間、呼吸機能の悪化やてんかん重積発作、骨折の繰り返し等、加齢に伴ってさまざまな身体的不調や苦痛を経験しました。その度に、さまざまな医療的支援を受けながら、そして何より職員との「共感」関係を深めながら、離床や経口摂取に挑戦し、少しずつ生活の幅を拡大させています。担当した職員は、こうした「ター君」の「自己実現」の姿をびわこ学園の五〇年のあゆみに重ねて、

「決して命をあきらめない、そのサポートをする職員が気持ちを一つにして取り組んだ協働の財産[15]」であると結んでいます。

「第一びわこ学園」の半世紀から

創設からおよそ半世紀、「第一びわこ学園」の対象は、「療護児」から重症児者、超重症児者、そして終末期の重症児者、超重症児者へと着実に変化しました。対象の変化は、学園に新たな問題群への対応を迫り、そのたびに、新たな療育の視点を必要としました。「第一びわこ学園」では、こうした変化とどのように格闘し、乗り越えていったのでしょうか。

近江学園「杉の子組」から移動してきた「療護児」への取り組みから実践を始動させた一九六〇年代、障害の重い子どもへの療育の内容も方法もわからず、職員らは試行錯誤を続けました。そして、「反応」がとらえにくいとされている園生に対しても粘り強く療育内容を模索するなかで、「関係」が育まれていくことを学びました。

一九七〇年代から一九八〇年代において、対象者の変化の「第一波」が訪れ、新たな療育課題が立ちはだかりました。これまで以上に虚弱な、「寝たきり」の年少重症児です。生と死の狭間で生きることと格闘し、それを支えた事例では、苦しさを受け止め、表情、手足のひとつひとつの動きに、全神経を集中させることで、職員らは、子どもの「新たな力」と「思い」を知ったのです。そして、「苦しいこと、死にたちむかい、闘っていること」にも心を寄せることで、極限の状態にある「この子」とも「人間と人間の関係」を結んでいきました。

一九九〇年代から二〇〇〇年代にかけて、対象者の変化の「第二波」が訪れ、さらに新たな療育課題が出《しゅっ》来《らい》しました。学園の実践は濃厚な医療的サポートを必要とする超重症児者を含むようになったのです。呼吸困難を伴う超重症児者への取り組みでは、職員らはどのような状況にあっても、まずは「いのち」を守ること、そして、「ＱＯＬ」を高めながら、どんなに重い障害があっても「ふつうの生活」を保障できるよう努めました。そして、その人らしい形での「自己実現」の姿を追求していったのです。その過程で、どんなに障害が重くても、医療の支援を必要としても、「人と生まれて人間となる」道行きを再確認したのでした。

さらに二〇一〇年代、「第一びわこ学園」では、対象者の変化の「第三波」が訪れ、終末期の療育に向かっていきます。超重症児者という非常に重い障害のうえに全身の機能が低下していく園生や、悪性腫瘍と闘う園生らに対しても、職員らは決して「療育」を諦めず、最期のその時まで、「その人らしさ」や「本人の思い」を大切にし、これまでの実践で得られた「人間と人間の関係」を堅く結び続けました。

「第一びわこ学園」では、次第に重度・重症化する子どもたちを前にして、「いのち」という絶対的価値や「快」の状態の保障、「関係」性の育ち、「ふつうの生活」、そして「ＱＯＬ」という視点を、対象者の変化と新たな療育課題に直面するなかで創り出し、療育のなかに取り込んでいきました。「療護児」から重症児者、超重症児者、さらには「終末期の療育」という対象の質的変化と問題群の深刻化に遭遇するなかで、学園の実践は、「この子」一人ひとりの内面に降り立ち、向き合うという姿勢を貫き通したのです。

糸賀はかつて、「発達保障の考え方」にふれて、「この重症児が普通児と同じ発達のみちを通るということ、どんなにわずかでもその質的転換期の間でゆたかさをつくるのだということ、治療や指導はそれへの働きかけであり、それの評価が指導者との間に発達的共感をよびおこすのであり、それが源泉となって次の指導技術がうみだされてくる」、「技術が子どもをえらぶのでなく、子どもが技術の主体になる」[16]というように予見し、それを実践課題としました。そして、当時には想定できなかったような新たな局面を幾度も迎えるなかでも、「第一びわこ学園」では、五〇余年にわたり果敢にその課題を探究し、「発達保障」の基盤と方法を「療護児」から重症児者、そして超重症児者へ、さらには「終末期の療育」へと拡張し開発してきたのでした。

(1) びわこ学園（一九七八）「第一びわこ学園療育史」一五周年記念誌編集委員会編『創立一五周年記念誌　びわこ学園の一五年　一九六三―一九七八』びわこ学園、八三―八七ページ。
(2) 同前書、八三―八七ページ。
(3) 同前書、一三一ページ。
(4) びわこ学園（一九八一）「五五年度の特徴」昭和五五年度報告編集委員会編『昭和五五年度報告』びわこ学園、二三ページ。
(5) びわこ学園（一九八一）「うさぎグループ総括」『一九八〇年度病棟総括集』一二ページ。未公刊資料。
(6) びわこ学園（一九八二）「'81うさぎ」『一九八一年度病棟総括集』九―一〇ページ。未公刊資料。
(7) びわこ学園（一九八四）「いのちを守りいのちを強める」『みなみ一九八三年度総括集』、ページ数記載無し。未公刊資料。
(8) びわこ学園（一九八三）「2．各群の療育のまとめ」、二〇周年記念誌編集委員会編『創立二〇周年記念誌　びわこ学園の二〇年　一九六三―一九八三』びわこ学園、一七九ページ。
(9) びわこ学園（一九八八）「一九八七年度の療育」一九八七年度びわこ学園年報編集委員会編『びわこ学園年報　一九八七年度報告』びわこ学園、一一ページ。
(10) びわこ学園（一九九一）「一九九〇（平成二）年度をふりかえって」一九九〇年度びわこ学園年報編集委員会編『びわこ学園年報　一九九〇年度報告』びわこ学園、一七ページ。
(11) びわこ学園（二〇〇三）「療育実践」二〇〇二年度びわこ学園年報編集委員会編『びわこ学園年報　二〇〇二年度報告』

びわこ学園、三三ページ。

(12) びわこ学園(二〇一〇)「5 病棟の概要」二〇〇九年度びわこ学園年報編集委員会編『びわこ学園年報 二〇〇九年度報告』びわこ学園、三四ページ。

(13) びわこ学園(二〇一三)「重症心身障害児施設でのエンドオブライフケアについて〜デスカンファレンスから見えたこと〜」『第三四回 社会福祉法人 びわこ学園 実践研究発表会「いのちに寄り添う支援」〜びわこ学園五一年目からの歩み〜』びわこ学園、一四ページ。未公刊資料。

(14) 同前書、一四ページ。

(15) びわこ学園(二〇一三)「医療ニーズの高い利用者への支援の展開 ただしさんの二〇年のあゆみから」五〇周年記念誌編集委員会編『びわこ学園の五〇年「生きることが光になる」』びわこ学園、一四一ページ。

(16) 糸賀一雄(一九六八)『福祉の思想』日本放送出版協会、一七二ページ。

第五章　重症児教育の実践事例　――〈ヨコへの発達〉の視点から

障害の重い子どもとかかわる一教師として

これまでのことから、近江学園・びわこ学園の実践を通して、糸賀、岡崎、田中らの共創の概念として、〈ヨコへの発達〉という考え方が生み出されたということがわかりました。そして、びわこ学園の約半世紀の療育実践から、何が受け継がれ、大切にされてきたのかということがみえてきました。それでは、糸賀、岡崎、田中らの生み出した〈ヨコへの発達〉の考え方は、びわこ学園以外の場所ではどのように受け入れられているのでしょうか。この章では私自身が一教師として障害の重い子どもに取り組んだ実践を、〈ヨコへの発達〉の視点で分析してみようと思います。

Bちゃんとの出会い

Bちゃんは、大きな瞳が可愛らしい女の子でした。ご両親とお兄さんにとても可愛いがられ、温かいご家族に囲まれて暮らしていました。生後一ヵ月まではミルクをよく飲んでいたそうですが、二ヵ月に入った頃に大きなてんかんの発作を起こし、病院に救急搬送されました。その後もてんかんの発作が止まりにくく、点頭てんかんと診断されました。それ以来、Bちゃんのてんかんの発作は頻繁に起こり、Bちゃんは自分でミルクを飲むことができなくなり、身体を自由に動かすこともできなくなりました。乳幼児期は自宅や療育園で過ごしましたが、その間も、何度も入退院を繰り返しながら、ようやく特別支援学校小学部に入学することになりました。

入学式。おめかしして洋服に身を包んだBちゃんと私との最初の出会いでした。そのとき、Bちゃんのか細い喉には気管切開後のカニューレが装着されており、すでにBちゃんは声を失っていました。そのため、ご家族は、Bちゃんのわずかな表情の変化（目や口の開き具合や、表情の緩み具合など）から彼女の意思や感情を読み取り、コミュニケーションをとっていました。

新米教師だった私は、Bちゃんを前にして、まず彼女の障害の重さに一瞬ひるみました。「寝たきり」と呼ばれる状態。学校でも頻繁に起こるてんかん発作とそれによる不随意運動。気管内分泌物が気道に上がってきて、苦しそうにする姿。お母さんによる気管内吸引。障害の重さと、医療的ケアの多さに、私は病院で勤務していた頃を思い出していました。でも、ここは学校。Bちゃんは、学ぶために、仲間と楽しい時間を過ごすために来ているのです。

Bちゃんは、いつも大きな瞳から何かを訴えようとしているような気がしました。しかし最初、私はそれを読み取る力をもっていませんでした。先輩教師に学び、自分でも重症児教育の本などを読みあさり、何よりBちゃんとかかわり向き合う時間を大事にし、Bちゃんの内面に近づこうと努力を続けました。

お母さんの話

Bちゃんのそばには、いつもお母さんが付き添っておられました。というのも、当時私が勤めていた自治体では、医療的ケアが必要な子どもたちは、通学バス内にケアができる看護師が同乗していないために子ども単独ではバスに乗れず、保護者が付き添う必要があったからです。Bちゃんとお母さんは自宅から一時間半もかけて、通学バスに揺られて学校に来ていました。そのため、お母さんの疲労は甚だしく、毎日通学するのは難しい状況でした。

そんなお母さんの楽しみは、Bちゃんが見せるとっても素敵な「笑顔」でした。Bちゃんが笑顔を見せてくれると、お母さんの疲れも吹っ飛んでしまい、お母さんも笑顔になります。Bちゃんの笑顔は、お母さんには大きな癒し効果がありました。

ところが学校で、私やほかの教員は、Bちゃんの笑顔を見たことはありませんでした。Bちゃんは、家族以外の第三者には、笑顔を見せたことはなかったのです。大きな瞳が力強く開くときはありましたが、Bちゃんの笑顔は、お母さんの話のうえのことでしかありませんでした。

「家だったら笑うのに、昨日も笑っていたのに」

学校でもこの子が笑うところを見てほしい、お母さんはよくこのように仰っていました。

Bちゃんの「笑顔」獲得に取り組んで

出会いから一年が経ち、私はBちゃんの担任をすることになりました。週二～三回のペースで登校しているBちゃんですが、体調が落ち着かず、まったく登校できない週もあります。風邪をこじらせるとすぐに肺炎を起こしてしまいます。そんな体調の不安定さを抱え、また抗てんかん薬の副作用の影響から、日中傾眠状態になることが多く、登校してもうとうとと眠っている状態が続きました。そこで、まずはBちゃんの体調に合わせて生活リズムを整えること、そのうえで、同じ生活年齢集団のなかでたくさんの刺激を受け、Bちゃんが家族以外の第三者にも心を開くことができるように担任として支えることにしました。そのためには、Bちゃんとの信頼関係を築き、私がBちゃんにとって安心できる存在になることが必要でした。

あらゆる学校生活の場面でBちゃんとのタッチングを増やし、リラックスする場面ではBちゃんを抱いて肌の感覚を覚えてもらい、たくさん声をかけました。うとうととしているときも、授業場面でしっかり起きてほしいときも、優しく声をかけて身体をゆすり、Bちゃんが心地よいと感じられるような活動を準備しました。

こうして半年ほど経った頃、時間を決めて、Bちゃんに絵本の読み聞かせの取り組みを行うことにしました。

絵本の読み聞かせの取り組み

うとうととしていることが多いBちゃんですが、覚醒状態が良くなる時間帯があることがわかってきました。午前中の活動を終えて、学級の皆が給食をとりはじめる、一一時から一三時の時間帯に、Bちゃんはぱっちりと大きな目を開け、周りを感じはじめます。この時間帯、Bちゃん自身は、給食が配膳される美味しそうな香りを感じながら、栄養剤の注入を受け、次第に空腹が満たされていき、なんとなく「快」を感じはじめるのが読み取れるようになりました。

そこで、栄養剤の注入が終わり、お腹が満たされたこの時間帯に、絵本の読み聞かせを行うことにしました。題材にした絵本は『ちゅっ　ちゅっ』というもので、パンダ、ネコ、イヌ、ウサギ、ゾウ、そして最後

『ちゅっ ちゅっ』えとぶん　MAYA MAXX、福音館書店、2008年

は人間のお母さんと子どもが「ちゅっ　ちゅっ　ちゅう――」と触れ合う、温かさが溢れる絵本です（写真）。

ページは赤と白だけで描かれており、各ページ、せりふは「ちゅっ　ちゅっ」というフレーズのみが繰り返されます。こうした構成は、Bちゃんが注意を向けやすく、またBちゃんの好きな擬音語の繰り返しがあり、読み聞かせのなかでBちゃんとの触れ合いも楽しめそうな題材だと考え、本書を選びました。読み聞かせは私が実施し、私とBちゃんの周りでは他の教員や児童たちが給食を食べているという状況です。

Bちゃんには、読み聞かせ開始当初から、ページを注視する姿が見られ、絵本そのものは比較的スムーズに受け入れてくれたようでした。でも、私との触れ合いには顔をしかめたり、目を閉じたりする様子が見られました。Bちゃんは、外界を受け入れたくないときに目をつぶる仕草をするとお母さんから聞いていた私は、このBちゃんの様子を見て少し不安になりました。ところが、何度か読み聞かせを重ねるうちに、少し表情を柔らかくして嬉しそうにする様子を見ることができました。そして読み聞かせを始めて一ヵ月が経ったある日、Bちゃんは初めて、誰が見ても笑顔とわかるような「満面の笑み」を見せてくれたのです。この笑顔を見たときの感動はそれから十数年が経過した今でも忘れることができません。当時の記録には、Bちゃんが見せたこの変化に、「もっとBちゃんとの関係を粘り強く続けていこうという気持ちになった」と記しています。

読み聞かせ開始から二ヵ月目に入り、Bちゃんは私との触れ合いに顔をしかめたり目をつぶったりすることがなくなりました。さらに、読み聞かせ終了後に、少し口を開けて柔らかい笑顔を見せたり、大きく口を開けた笑顔を見せてくれることがありました。そんなBちゃんを見て、私は「Bちゃんともっと触れ合いたい」と思うようになっていきました。私の触れ合いにBちゃんが応え、そのわかりやすい表現にまた私の気持ちが高まる、という「笑顔」を通した相互作用が安定しはじめました。

三ヵ月目は、Bちゃんの登校リズムが乱れ、睡眠と覚醒のリズムにも影響が出た時期でしたが、絵本の読み聞かせは粘り強く継続しました。Bちゃんは、読み聞かせの最中ではなく、たとえば彼女を抱き上げた時や、身体ほぐしの体操の時など、読み聞かせからしばらく経って行う私のかかわりに、安心しきったように身体を任せ、いろいろな表情を見せるようになっていきました。私も、そんなBちゃんの微妙な表情の変化が少しずつわかるようになり、そのことでBちゃんとのかかわりに対する気持ちがますます高まるようになっていきました。「笑顔」以外の表現を通してでも、相互作用ができるようになったのがこの時期でした。

そして四ヵ月目。Bちゃんは、ただ「笑顔」を見せるだけではなく、まるで「もう一回読んで」と求めるような目つきをしたり、「絵本を読んで」と求めるような表情をするようになりました。取り組む私もそれを見逃さず、受け止められるようになっていきました。Bちゃんが出すさまざまな表情による意思や感情の表現を、私が感じ、受け止め、そして返していくことでさらに信頼関係が築かれ、心を介したコミュニケーションができる関係になっていったのです。

取り組みを振り返って

四ヵ月にわたるこの取り組みを通して、Bちゃんが見せる表情と、それを受け止める私自身の在りようが変化していきました。

これまでの研究では、「笑顔」は、言語によるコミュニケーションが困難な重症児者にとって、彼らの気持ちを表す重要なサインであることが指摘されています[(1)〜(3)]。しかし、その獲得が教育の目的になるのではなく、「笑顔」を手がかりにして、大人と気持ちを交流、共感・共有できる関係を形成していくことが、彼らのコミュニケーション能力の発達を支援していくうえで重要であることが指摘されています[(4)〜(8)]。

この取り組みのプロセスを、こうした視点から検証してみると、四ヵ月にわたる絵本の読み聞かせを終えて、Bちゃんと私との二人の関係は、お互いがかかわり方を模索していた時期から、自然と「笑顔」を通した相互作用をし、「心を介したコミュニケーションのできる関係」へと変化していったことが読み取れます。この大きな変化を支えたのが、Bちゃんと私との間で少しずつなされていった「情動の共有」といえます。

たとえば、取り組みから二ヵ月目の記録では、読み聞かせを終えた後の時間にBちゃんの機嫌がとても良くなっていることが私に伝わってくることや、読み聞かせやそこでの私との触れ合いが、Bちゃんにとって「心地よい状態」になっているのではないかということを考察しています。そして私も、そんなBちゃんを見て、「Bちゃんともっと触れ合いたい」、「Bちゃんを愛おしい」と思うようになっている、と自己分析しています。

同じように、三ヵ月目にも「Bちゃんが安心しきったように筆者に身体を任せ……」とそれに対する私の気持ちの高まりを記録しています。これらの記録からは、四ヵ月の間に、私とBちゃんが少しずつ「快の情動」を共有することができるようになっていったことが読み取れます。そのとき、「絵本」は二人が情動を共有するにあたっての共有物であり、「絵本を読む」という行為を通して両者が同じ時空間を共有することが可能になったと考えられます。また、「抱く」という体勢で実施した読み聞かせや、せりふに合わせて行なったリズム良い「触れ合い」が両者の距離を縮めたと考えられます。つまり、「絵本の読み聞かせ」とそこでの「触れ合い」が、二人の気持ちを交流させ、共感・共有できる関係形成に重要な役割を果たしたことがみえてくるのです。

〈ヨコへの発達〉の視点から

次に、この取り組みを、〈ヨコへの発達〉の視点から分析してみようと思います。

第三章で述べたように、〈ヨコへの発達〉は、創出者の一人である糸賀によって「かけがえのないその人の個性」と定義づけられています。この時、糸賀と共にこの概念を結像させた岡崎は、「子どもたちが自らの障害に主体的にぶつかっていくプロセス」であると述べ、田中は「その人の持ち味が形成されて、他と置き換えのできない人」になることであり、それを「自己が実現」することであると述べています。糸賀、岡崎、田中は三者三様の言葉で、〈ヨコへの発達〉を語っており、一つに定義づけられないところが難しいのですが、先に述べたように〈ヨコへの発達〉は、このように幅をもった概念であることは確かです。また、三者の言葉には共通点があります。「個性」、「主体的」、「その人の持ち味」、「他と置き換えのできない人」、「自己が実現」というこれらの言葉をつなぐと、〈ヨコへの発達〉とは、唯一無二の個性が無限に拡がっていくプロセスであるととらえることができます（次ページの図1）。そして、そのプロセスは、自分一人で生じ

図1〈ヨコへの発達〉イメージ図

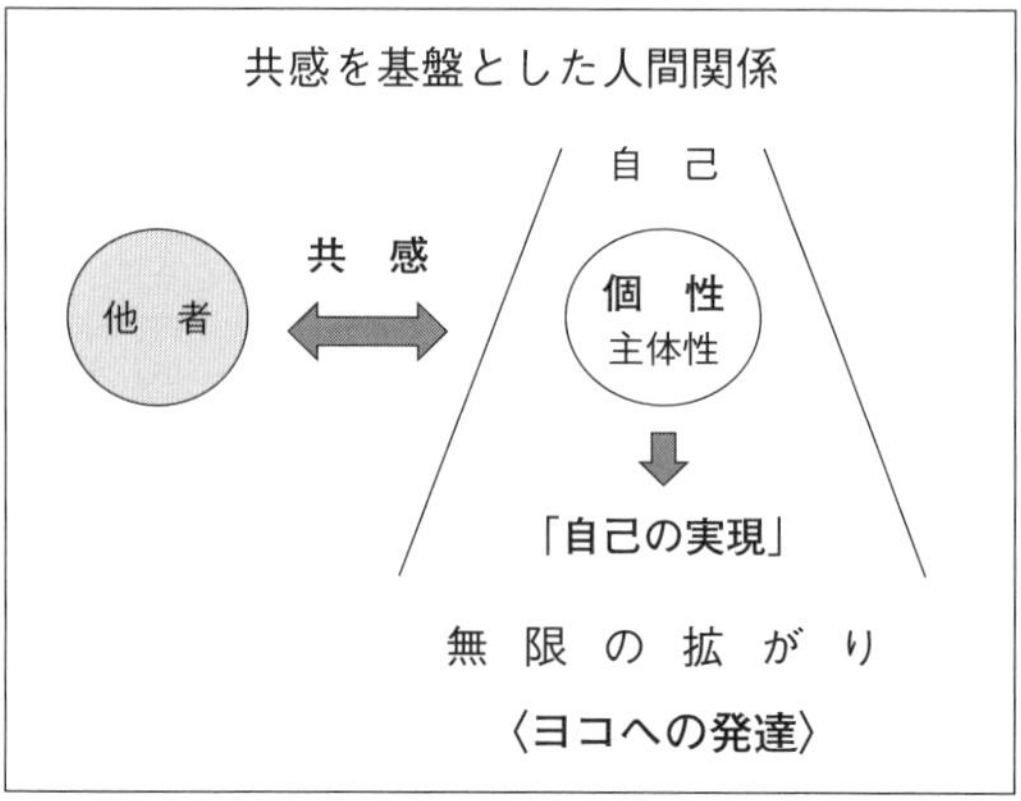

るものではなく、そこには常に他者の存在があると糸賀、岡崎、田中は述べています。つまり、糸賀の言葉で言えば、「人間と人間との関係」と、そこにある「共感」です。この「共感」とは、実に難しいのですが、どうすることかというと、「『この子』一人ひとりの内面に降り立つこと」であると糸賀はいいます。

亡くなる前日、糸賀は「人は人と生まれて人間となる[9]」と、最後の言葉を遺しました。人は、誰もが生物学的な「ヒト」として生まれて、社会的な「人間」となっていくというこの言葉には、人間と人間との「共感」を基盤とした関係によって、どんなに障害が重い子どもたちでも〈ヨコへの発達〉は無限であるという意味が込められていました。

この視点からBちゃんへの取り組みを分析してみます。Bちゃんは入学当初、家族以外の他者と「共感関係」をもつことが困難でした。そのため、私のかかわりに対しても、目を閉じてしまい、自らかかわるきっかけを絶とうとする様子がありました。

ところが、Bちゃんの生理的な「快」と好きなこと——抱っこされる、好きなフレーズや身体接触を含んだ絵本の読み聞かせ——を組み合わせた継続的な取り組みによって、私とBちゃんには徐々に関係が築けていきました。初めはそれは「共感」関係ではなかったかもしれません。しかし、取り組みを重ねるうちに、私自身がBちゃんの内面にすっと降り立てるようになり、二人の気持ちが交流できるようになっていきました。そして、「笑顔」という形でBちゃんは自分自身を表現できるようになります。そして私は、「笑顔」というわかりやすい表現以外でも、Bちゃんのわずかな表情の変化をつかめるようになり、そこにBちゃんの意思や感情、すなわち主体性を読み取っていったのでした。

Bちゃんの人間関係は、これまでの家族間のみであったものから、学校の担任との関係へと拡がりました。そしてその後、Bちゃんは、ほかの教員との関係も結べるようになりました。Bちゃんの個性は、他者との関係を結びながら確実に拡がっていきました。それは、頻繁なてんかん発作に悩まされ、何か新しいことができるようになるという「タテへの発達」は難しいと言われたBちゃんの〈ヨコへの発達〉の姿でもあったのです。

（1）サポロージェッツ、A・V&リシナ、M・I編者（一九七九）青木冴子ほか（訳）『乳幼児のコミュニケーション活動の研究』新読書社、六八―七一ページ。
（2）文部省（一九八八）『訪問教育指導の実際』慶応通信。
（3）保坂俊行（二〇〇三）「学校場面におけるパルスオキシメーターを使用した心拍反応パタンにもとづく学習評価の検討」『特殊教育学研究』第四一巻第四号、三八七―三九三ページ。
（4）櫻井宏明（二〇〇五）「肢体不自由の子どもたちとつくる教育」『みんなのねがい』第四五四号、四四―四七ページ。
（5）鯨岡和子、鯨岡峻（一九八九）『母と子のあいだ』ミネルヴァ書房。
（6）三宅康将、伊藤良子（二〇〇二）「発達障害児のコミュニケーション指導における情動的交流遊びの役割」『特殊教育学研究』第三九巻第五号、一―八ページ。
（7）古川力也（一九九六）「重度障害児の発達支援のあり方：情動的かかわりの視点から」『情緒障害教育研究紀要』第一五号、九七―一〇五ページ。

(8) 細渕富夫(一九九六)「重度・重複障害児のコミュニケーション研究をめぐる諸問題」『障害者問題研究』第二三巻第四号、三一―三八ページ。

(9) 糸賀一雄の最後の講義「施設における人間関係」(滋賀県大津市で行われた滋賀県児童福祉施設等新任職員研修会での講義)の録音テープを収録した、糸賀一雄(一九七二)『愛と共感の教育――最後の講義』(柏樹社)の復刊版である、同(二〇〇九)『糸賀一雄最後の講義―愛と共感の教育―〔改訂版〕』中川書店、三八ページ。

おわりに

戦前、戦中、戦後と、障害の重い人たちは、生まれること、生きることさえ難しい時代が長い間続きました。この世に生を受けたとしても、座敷牢とも呼ばれるような、人目につかない場所に置かれることもあり、長く人権が蹂躙《じゅうりん》されてきました。障害の重い子どもたちを含めた、障害のある子どもたちに初めて教育を受ける権利が保障されたのは、普通教育から約三〇年遅れた一九七九年の養護学校教育義務化によってです。本書でも取り上げた「びわこ学園」の子どもたちも、当時、教育権保障運動を行い、そのなかで「オムツをしてでも学校へいきたい」と強く訴えました。

重症児を含む障害のある人たちが、長く教育の対象とならなかった理由の一つに、日本では、「障害の重い（ある）子どもは発達しない」という固定的な発達観があったということが挙げられます。その固定的な発達観（発達の見方）を転換させたのが、一九六六年に創出された〈ヨコへの発達〉という考え方でした。人間の発達を、ある能力が高くなっていくことである「タテ」方向にのみとらえるのではなく、ほかにない個性が無限に拡がるプロセスである「ヨコ」方向にもとらえることで、障害の有無や軽重にかかわらず、「同じ発達の道行きをたどる」ということが提起されました。発達の無限性・共通性・普遍性です。この新しい発達観の提起があったからこそ、その後の日本の障害児教育が大きく切り拓かれ、現在に至っているのです。つまり、〈ヨコへの発達〉のもつ歴史的な意味合いは非常に大きいものなのです。

〈ヨコへの発達〉が創出された原点、それは「もっと子どもの内面に寄り添いたい」「子どもの心が見たい」という糸賀、岡崎、田中らの素朴な思いからでした。かつて糸賀も、障害の重い人たちに差別的な見方をしていました。しかし、障害のある彼らと共に暮らし、取り組みを重ねるなかで、彼らのなかにある生命の輝きや自己実現の姿に気づき、自らの価値観を変革させていきます。「自己」と向き合い、自身のもつ従前の価値観と対決するそのプロセスは、決してたやすいものではなかったはずです。こうして糸賀は、「この子らを世の光に」という言葉を遺します。

〈ヨコへの発達〉の起源、すなわち原点となる近江学園・びわこ学園の実践から、何を受け取りますか。糸賀自身が乗り越えた「価値の転換」のプロセスは、障害児のみならず、子ども、大人とかかわるすべての人が通り得る道行きです。もっともっと、人間の〈ヨコへの発達〉に目をむける社会になれば、生きやすくなる人は増えるかもしれません。

私を〈ヨコへの発達〉の世界へ導いてくれた、小児病棟の「彼」との出会いから、もうすぐ二〇年が経とうとしています。少年だった「彼」は今ごろ、立派な青年に成長し、その個性を〈ヨコ〉に豊かに拡げながら暮らしていることを願わずにはいられません。

本書を閉じるにあたり、私の〈ヨコへの発達〉研究をご指導くださり、その成果を広く世に問うよう本書の執筆を薦めてくださった渡部昭男先生に、心より感謝の気持ちを申し上げます。また、〈ヨコへの発達〉研究を進めるにあたって、糸賀一雄、岡崎英彦、田中昌人をはじめ、近江学園、びわこ学園に関する貴重な史資料を閲覧させていただくことをご快諾、ご提供くださった近江学園、びわこ学園の職員、元職員の方々、膨大な史資料を前にして、右往左往していた私に、〈ヨコへの発達〉に関連した知見や資料についてのヒントやアドバイスをくださった人間発達研究所の方々、糸賀一雄研究会の方々に感謝を申し上げます。そして、私の研究の出発点である、新生児集中治療室および小児科病棟で出会った子どもたち、特別支援学校で出会った子どもたちと彼らを懸命に支えるご家族の方々、同僚および先輩看護師、先輩教員との出会いに感謝を申し上げます。

単著は本書が初めてで、原稿を執筆していた期間は、大学での仕事を始めた最初の年でもありました。特別支援教育および保育に関する授業科目を受け持ちながら、教員および保育士養成に携わっていますが、神戸松蔭女子学院大学という職場の温かい雰囲気と、学長、副学長をはじめ、教育学部長、学科長、同僚の激励と支えがなければ本書の執筆は実現できなかったと思います。ここに厚く御礼申し上げます。

最後に、初めての単著の執筆で、力不足の面が多々あったかと思いますが、本書の出版を引き受けてくださった株式会社日本標準、丁寧かつ的確に校正・編集作業を進めてくださった郷田栄樹氏に、心より御礼申し上げます。ありがとうございました。

二〇二〇年二月

垂髪あかり

●著者紹介
垂髪あかり（うない　あかり）
鳴門教育大学大学院学校教育研究科准教授
1981年生まれ。神戸大学大学院人間発達環境学研究科博士課程後期課程修了。博士（教育学）。助産師、特別支援学校教諭、神戸松蔭女子学院大学教育学部教育学科講師を経て現職。3人の子育てにも奮闘中。

日本標準ブックレット No.23
〈ヨコへの発達〉とは何か
―障害の重い子どもの発達保障―

2020年 3月30日　第1刷発行
2024年 9月 5日　第2刷発行

著　者　垂髪あかり
発行者　河野晋三
発行所　株式会社 日本標準
〒350-1221　埼玉県日高市下大谷沢91-5
電話 04-2935-4671
FAX 050-3737-8750
ホームページ　https://www.nipponhyojun.co.jp/
印刷・製本　株式会社 リーブルテック

ISBN 978-4-8208-0689-9

「日本標準ブックレット」の刊行にあたって

日本国憲法がめざす理想の実現は、根本において教育の力に待つべきものとして教育基本法が制定され、戦後日本の教育ははじまりました。以来、教育制度、教育行政や学校、教師、子どもたちの姿など、教育の状況は幾多の変遷を経ながら現在に至っていますが、その中にあって、日々、目の前の子どもたちと向き合いながら積み重ねてきた全国の教師たちの実践が、次の時代を担う子どもたちの健やかな成長を助け、学力を保障しえてきたことは言うまでもないことです。

しかし今、学校と教師を取り巻く環境は、教育の状況を越えて日本社会それ自体の状況の変化の中で大きく揺れています。教育の現場で発生するさまざまな問題は、広く社会の関心事にもなるようになりました。競争社会と格差社会への著しい傾斜は、家庭や地域社会の教育力の低下をもたらしています。学校教育や教師への要望はさらに強まり、向けられるまなざしは厳しく、求められる役割はますます重くなってきているようです。そして、教師の世代交代という大きな波は、教育実践の継承が重要な課題になってきていることを示しています。

このような認識のもと、日本標準ブックレットをスタートさせることになりました。今を生きる教師に投げかけられている教育の課題は多種多様です。これらの課題について、時代の変化に伴う新しいテーマと、いつの時代にあっても確実に継承しておきたい普遍的なテーマを、教育に関心を持つ方々にわかりやすく提示しようというものです。このことによって教師にとってはこれからの道筋をつける手助けになることを目的としています。

このブックレットが、読者のみなさまにとって意義のある役割を果たせることを願ってやみません。

二〇〇六年三月　日本標準ブックレット編集室